W0035535

ESMIE G. BRANNER

MIT GOTT IN EINE ANDERE WELT

WOZU GLAUBE BEFÄHIGT

ADVENT-VERLAG

Titel der Originalausgabe: Beyond the Veil of Darkness
© 1999 by Pacific Press Publ. Ass., Nampa, Idaho (USA)

Übersetzung: Johannes Kolletzki
Redaktionelle Bearbeitung:
Andrea Cramer, Sandra C. Wieschollek
Korrektorat: Wolfgang Andersch, Erika Schultz,
Reinhard Thäder
Einbandgestaltung: Studio A Design GmbH, Hamburg
Titelfoto: Stan Sinclair

Die Bibeltexte sind – falls nichts anders vermerkt – der Bibel-
übersetzung „Die Gute Nachricht – Die Bibel im heutigen
Deutsch" entnommen.

© 2000 Advent-Verlag GmbH, Lüner Rennbahn 16,
D-21339 Lüneburg, www.advent-verlag.de
Herstellung: Grindeldruck GmbH, D-20144 Hamburg
ISBN 3-8150-1834-X

Inhalt

Widmung

Dieses Buch ist meinen Kindern gewidmet:
Javid, Taariq, Adam, Aisha und Zaina.

Meine Kinder, die Zukunft gehört euch,
wenn ihr nur im Herzen behaltet,
wie Gott euch bisher geführt hat.
Liebt Gott und die Menschen,
seid Jesus, unserem Herrn und Erlöser,
treu und hört auf ihn.
Dann, nur dann wird das Himmelreich
euch gehören,
und unsere Freude wird grenzenlos sein.

1

Ein neuer Anfang

Es war ein heller und sonniger Morgen. Als ich die Augen aufschlug und der Tag begann, war mein Herz von unbändiger Freude erfüllt. Gott war mir begegnet. Ich dachte an den wunderschönen Gottesdienst gestern Abend. Bei Kerzenlicht hatten wir das Abendmahl gefeiert. Ich fühlte mich fast wie im Himmel, und doch stiegen dunkle Vorahnungen in mir auf.

Ich war dabei, mich zum ersten Mal in meinem Leben auf Gedeih und Verderb jemandem auszuliefern, den ich nie persönlich gesehen hatte. Und doch wusste ich, dass es die einzige Möglichkeit war, die ganze Wahrheit über Gott zu erfahren.

Jetzt galt es, sich zu entscheiden: nur wenn ich am Glauben festhalten würde, könnte ich die Gewissheit erlangen, ob Gott Realität ist.

Es ging dabei um viel für mich: Es ging um mein Leben! Ich wollte nicht sterben, ich wollte leben, das sagte ich Gott. Nun hatte ich die wichtigste Entscheidung meines Lebens getroffen: ich wollte mich taufen lassen. Nichts auf der Welt sollte mich dazu bringen, diesen Entschluss rückgängig zu machen.

Erst vor einigen Wochen brachte ich es fertig, meinem Mann zu sagen, dass ich mich durch die Taufe zu Gott bekennen wolle. Danach war Mohamed nicht mehr derselbe. Er drohte mir mit Scheidung und wollte mir die Kinder wegnehmen.

Es bestand also die Gefahr, durch ein Leben mit Gott meinen Mann zu verlieren und meine drei Söhne und zwei Töchter nie wiederzusehen. Diese Gedanken wurden fast zu einer quälenden Gewissheit, denn ein Leben mit Gott würde mich und das Leben meiner ganzen Familie für immer verändern. Doch es gab kein Zurück mehr. Zu viel schon hatte ich erlebt und erfahren, um meinen Glauben an Jesus jetzt noch aufzugeben.

Vor wenigen Tagen zeigte Mohamed mir ein Messer, das er mir durchs Herz stoßen wollte, sollte ich tatsächlich so weit gehen und mich taufen lassen. Er kaufte nichts mehr zu essen ein, so dass wir nur das Allernötigste hatten.

Es war Gottes Verheißung, dass Brot und Wasser uns sicher sein würden, die mich aufrecht hielt. In meinem Herzen nahm ich mir vor, den Kindern ohne Wissen meines Mannes von Gott zu erzählen. Sie liebten die biblischen Geschichten und konnten gar nicht genug davon bekommen.

Mohameds Drohungen konnten mich nicht abschrecken. Ich wollte getauft werden, und wenn es das Letzte war, was in meinem Leben passieren sollte. Als ich das Wort Gottes studierte, spürte ich neue Kraft in mir. Dennoch war da auch so etwas wie eine stille Angst. Wenn ich nun mein Leben opfern müsste? Wer würde meine Kinder großziehen und ihnen von Gott erzählen?

Innerlich fühlte ich mich hin- und hergerissen, es war ein geistlicher Kampf. Ich stand vor meiner größten Bewährungsprobe. Die Situation war bedrohlich, lebensbedrohlich – und das, wo doch mein Leben mit Gott noch in den Kinderschuhen steckte. Ich wünschte mir so sehr, dass meine Kinder meine Taufe miterleben könnten. Aber ich wusste, dass Mohamed seine Drohungen ernst meinte. Ich hatte Angst vor ihm und dem, wozu er imstande wäre.

Unwillkürlich musste ich mich fragen, ob ich wirklich wegen einer Taufe mein Leben opfern sollte. Ich weiß noch, wie ich am Esstisch saß, über alles nachdachte und mit Zweifeln kämpfte.

Was, wenn es gar keinen Gott gibt? – Wie kann ich mir sicher sein, dass Gott existiert?

Im nächsten Moment war es, als würde ein Lichtstrahl in die Dunkelheit fallen. Fast meinte ich, eine sanfte, ruhige Stimme zu hören, die zu mir sagte: „Wenn du jetzt aufhörst zu vertrauen, wirst du die Antwort niemals erfahren, oder?"

Mir wurde bewusst, dass ich oft allzu schnell den Rückzug angetreten hatte, ohne Gott wirklich eine Chance zu geben, seine Macht zu beweisen. Ich glaube, das war einer der Gründe, warum ich mich von Jesus Christus und der Gemeinde entfernt hatte. Jesus war für mich niemals ein Freund geworden, dem ich mich persönlich anvertrauen konnte. Ich musste darauf vertrauen lernen, dass Gott am Ende der Sieger sein würde! Schließlich war ich so weit zu sagen: „Sterbe ich, dann sterbe ich." Mein Glaube behielt die Oberhand. Lieber wollte ich „zu viel" vertrauen und für Jesus mein Leben verlieren, als ewig zu misstrauen. So wie es auch der Apostel Paulus in Philipper 1,21 (Hoffnung für alle) gesagt hat: „Denn Christus bedeutet für mich alles; er ist mein Leben. Deshalb kann das Sterben für mich nur Gewinn sein."

Die letzte Woche vor meiner Taufe widmete ich mit Fasten und Gebet der Suche nach Gottes Führung und Weisheit in dieser schweren Zeit. Die Gemeinde betete für mich. Obwohl es auch angstvolle Momente gab, verspürte ich inneren Frieden und Ruhe, weil ich mich in Gottes Hand wusste.

Während der Abendmahlsfeier gestern Abend gab ich ein Zeugnis davon ab, wie gut Gott zu mir war. Ich erzählte meinen Glaubensgeschwistern auch von dem Wunsch, doch meine Kinder bei mir zu haben, wenn ich in das Taufwasser steigen würde. Sie sollten diese Symbolik, dass das Untertauchen wie ein Begräbnis all meiner Schuld sei und ich zu einem neuen Leben mit Gott „auferstehen" würde, miterleben können. – Als ich nach Hause ging, hatte ich die innere Gewissheit, dass Jesus meinen Kindern und mir seine Macht beweisen würde.

Immer wieder ging ich in Gedanken dieses ganz besondere Ereignis durch, stellte mir jede Einzelheit der Taufe vor. Als ich zu Hause angekommen war, entschied ich mich, Mohamed noch ein letztes Mal zu fragen, ob mich die Kinder am nächsten Tag zum Gottesdienst begleiten könnten. Offenbar war er von meinem wiederholten Bitten derartig entnervt, dass er ausholte und mir mit geballter Faust mitten ins Gesicht schlug.

Wir waren beide überrascht – ich hatte meinen Mann bisher niemals gewalttätig erlebt. Mir wurde klar, dass er nicht Herr seiner selbst war – hier herrschte ein anderer Geist, und so fand ich die Stärke, ihm trotzdem liebevoll und ohne Bitterkeit zu begegnen.

Vor meinem inneren Auge lief noch einmal all das ab, was bis zu diesem Zeitpunkt in meinem Leben geschehen war, und ich zweifelte keine Sekunde daran, dass Gott seine Hand im Spiel hatte, auch wenn ich selbst jahrelang meine eigenen Wege gegangen war.

2

Rückblick

Ich war in einer adventistischen Familie aufgewachsen, als eines von acht Kindern – vier Jungen und vier Mädchen –, die dafür sorgten, dass es meinen Eltern nie langweilig wurde.

Wir lebten auf dem Land, im englischen Gloucester, in einer Atmosphäre, die von Liebe, Wärme und Geborgenheit geprägt war. Wir waren so eine richtige fromme Familie mit allem, was dazugehört. Der Glaube beeinflusste das ganze Leben. Von klein auf begleiteten uns der regelmäßige Gottesdienstbesuch und die Gemeindeaktivitäten. Mit dreizehn Jahren wurde ich zusammen mit einigen Freunden aus der Gemeinde getauft. Ich hatte nicht groß über die Bedeutung der Taufe nachgedacht. Sich taufen zu lassen gehörte einfach dazu – so war ich geprägt worden.

Einige Jahre später verließ ich mein Elternhaus und begann eine Krankenpflege-Ausbildung in der Nähe von London. Auf einmal erlebte ich eine ganz neue Freiheit. Niemand machte mir irgendwelche Vorschriften. Ich bestimmte, wohin ich ging, welche Sachen ich anzog, mit wem ich zusammen sein wollte, was mir Spaß machte und was nicht. Über meine Freunde machte ich mir nicht viele Gedanken. Ich wollte einfach Spaß haben und mich gut amüsieren. Ehe ich mich versah, hatte es mich wie ein großer Strudel erfasst: Alkohol, Zigaretten, Partys ...

Für Gott war in diesem neuen Leben kein Platz. Ich sagte mir, dass eigentlich nicht viel passieren könne, ich sei ja christlich erzogen. Ich würde schon aufpassen und mich schnell wieder zurückziehen, sollte es mal gefährlich werden. Natürlich, andere waren mit dieser Einstellung auf die schiefe Bahn geraten. Aber ich hatte schließlich noch eine Familie, die für mich betete, und auf sie würde Gott schon hören.

In dieser Zeit lernte ich Mohamed kennen. Er spielte Percussion (Schlaginstrumente) in der Band meines Bruders. Eines Abends war ich bei der Probe dabei, und da sah ich ihn – groß und gut aussehend, mit geheimnisvollen dunklen Augen, schwarzen Locken und diesem fesselnden Blick eines Arabers. Es war Liebe auf den ersten Blick. Wenn sich unsere Augen begegneten, sprühten die Funken zwischen uns.

Noch in derselben Woche wurden wir ein Paar. Ich konnte mich so nett mit ihm unterhalten. Mohamed sprach schon nach kürzester Zeit von Heirat. Er war mein Traummann und ich war wahnsinnig verliebt, hingerissen und berauscht von dem Glücksgefühl, das ich in seiner Nähe empfand.

Ich war noch immer in der Ausbildung zur Krankenschwester, aber ich hatte nur Gedanken für ihn und es war mir fast unmöglich, mich auf irgendetwas anderes zu konzentrieren. So wuchs unsere Beziehung. Ich erinnere mich, dass ich einmal mit Gott über meine große Liebe sprach, allerdings nur um ihm mitzuteilen, dass Mohamed der Mann war, den ich wollte – komme, was da wolle.

Ich glaube, es ging mir wie Simson, der einfach nicht mehr klar denken konnte, als er Delilah sah. Ich ahnte nicht, was mir mein Leichtsinn einbrocken und durch welche Schule ich gehen würde, als ich meine Pläne ohne Gott machte.

Mohamed und ich redeten über alles, nur nicht über den Glauben. Viel zu früh für unsere junge Liebe meldete sich Nachwuchs an. Ich war erst neunzehn. Ratlos und verzweifelt suchte ich in dieser Situation wieder den Kontakt zur Gemeinde. Ich wünschte, Gott würde mir vergeben und weiterhelfen. Meine Krankenpflege-Ausbildung musste ich abbrechen, obwohl ich nur noch sechs Monate Lehrzeit vor mir hatte. Ich ging wieder nach Gloucester zurück, wo ich aufgewachsen war und wo meine Familie und auch Mohamed lebten.

Aus der Gemeinde wurde ich ausgeschlossen. Weder im Gemeindechor durfte ich singen noch an irgendeiner Aktivität teilnehmen. Die Abweisung tat sehr weh. Mein wachsender Bauch war mir furchtbar peinlich. Ich schämte mich. Zu allem Überfluss hatte ich noch mit Schuldgefühlen zu kämpfen, schließlich hatte ich die Familie, Freunde und auch die Gemeinde enttäuscht.

Es ist eine wichtige Aufgabe der Gemeindeglieder, unseren jungen Leuten in allen praktischen Lebensfragen, also auch beim Thema Sexualität, gesprächsbereit und mit Offenheit zur Seite zu stehen. Wir sollten lernen, einfühlsam miteinander umzugehen, besonders mit jungen Frauen, die ein uneheliches Kind erwarten. Es ist wichtig, ihnen Mut zu machen und sie entweder in der Gemeinde zu halten oder ihnen nachzugehen, wenn sie uns verlassen haben.

Mein Interesse an der Gemeinde hatte ziemlich nachgelassen. Kurz vor der Entbindung zogen Mohamed und ich zusammen. Fünf Monate, nachdem ich meinen ersten Sohn zur Welt gebracht hatte, wurde ich erneut schwanger, diesmal mit Zwillingen. In dieser Zeit schickten Mohameds Eltern ihren Sohn für sechs Monate nach Indien. Damals wusste ich nicht, dass er sich dort eine moslemische Frau suchen sollte. Als unsere Zwillinge geboren wurden, war er wieder da. Jetzt hatten wir drei Söhne.

Einige Wochen später wanderten meine Eltern nach Amerika, in die USA, aus. Sie waren mir eine Hilfe gewesen und ich vermisste sie sehr. Mohamed verließ mich bald wieder, dieses Mal um eine Zeit lang bei seiner Schwester in Kanada zu wohnen. Vermutlich musste er erst einmal damit fertig werden, dass er innerhalb von zwei Jahren dreimal Vater geworden war.

Als er weg war, überkam mich eine solche Einsamkeit, dass ich wieder anfing zu beten. „Was soll ich bloß machen?" fragte ich Gott. Meine Eltern bemühten sich darum, mich nach Amerika zu holen, um dort ganz neu anfangen zu können. Das schien keine schlechte Idee zu sein. Ich war es leid, dass Mohamed in der ganzen Zeit kaum Verantwortung als Vater übernommen hatte. Also ging ich auf das Angebot meiner Eltern ein und siedelte mit meinen drei Söhnen in die USA über. Damit begann ein neues Kapitel in meinem Leben. Irgendwie fühlte ich mich befreit. Niemand kannte hier meine Vergangenheit. Dass ich meine Söhne allein erziehen musste, nahm ich in Kauf.

Ich hatte Mohamed mitgeteilt, dass ich mein Leben selbst in die Hand nehmen wollte. Er war verärgert und wollte nun in Zukunft mehr Verantwortung für seine Söhne übernehmen. Sogar von Heirat sprach er. Ich sagte ihm, dass ich mir das kaum vorstellen könnte, da wir unterschiedlichen Religionen angehörten. Doch er schaffte es, mein Herz zu erweichen und sechs Wochen nach meiner Einreise kam er auch nach Amerika.

Sofort machten wir Pläne für unsere Hochzeit – sehr zum Kummer meiner Eltern. Es ging alles ziemlich schnell, und Gott kam dabei nicht zu Wort. Am 28. Juli 1982 wurden wir von einem Friedensrichter getraut, später kam eine muslimische Trauung in der örtlichen Moschee dazu. Ich hätte gern auch einen christlichen Segen gehabt, aber irgendwie wurde daraus nie etwas.

Unsere Kinder wollten wir sowohl christlich als auch islamisch erziehen, und wenn sie alt genug wären, sollten sie sich selber für einen Glauben entscheiden.

Mohamed war ein ausgesprochen stiller Mensch. Wir merkten sehr bald, wie wenig wir uns im Grunde kannten. Durch Kindheit und Tradition waren wir völlig unterschiedlich geprägt worden und jeder empfand den anderen als sehr rätselhaft. Eines der wenigen Dinge, die ich von ihm wusste, war, dass er immer schon viele Kinder haben wollte. Bei jeder Geburt unserer Kinder war er dabei und der Erste, der es auf den Arm nahm. Ich liebte es, wie er den Säugling, der gerade erst den Mutterleib verlassen hatte, zum Fenster des Kreißsaals trug und ihm leise ins Ohr sprach. Es sah so behutsam und liebevoll aus. Ich hatte keine Ahnung davon, dass er dem Kind den muslimischen Gebetsruf zuflüsterte und es durch diesen Ritus zu einem Moslem machte.

Streit gab es zwischen Mohamed und mir so gut wie nie – alles schien optimal zu laufen. Nach einigen Jahren in den USA hatten wir noch zwei Kinder, beides Mädchen. Mit den Jungs war mein Mann nicht zimperlich, erst die Mädchen brachten seine weiche Seite zum Vorschein.

In den ersten Ehejahren machten weder Mohamed noch ich uns viele Gedanken über den Glauben, in dem wir als Kinder erzogen worden waren. Er spielte keine große Rolle in unserem Leben. Wir dachten immer noch, dass es sicher das Beste wäre, wenn unsere Kinder beide Religionen kennen lernen und als Erwachsene eine eigene Entscheidung treffen würden.

Nachdem unser fünftes Kind geboren war, besuchte ich den Gottesdienst selten. Entsprechend war die christliche Erziehung der Kinder kaum mehr als ein guter Vorsatz von mir. Mohamed dagegen brachte den

15

Jungen schon sehr früh das arabische Alphabet bei. Später kamen muslimische Gebete und islamische Lehren dazu. Es dauerte nicht lange, da beteten sie auf Arabisch. Unbemerkt hielt der Islam Einzug in unser Leben. Ich war so weit weg von Gott, dass ich diese Entwicklung gar nicht bemerkte.

Hin und wieder spürte ich, wie der Heilige Geist mich zu Christus zurückführen wollte, aber ich fürchtete, dass es nur Unfrieden in unsere Familie bringen würde. Die Harmonie bei uns zu Hause war mir kostbar. Ein paar Mal hatte ich sogar zu Mohamed gesagt, dass ich gerne mit den Kindern den Gottesdienst besuchen würde, aber er hatte nur erwidert: „Wenn du das tust, wirst du sie nie mehr wieder sehen." Es machte mir etwas Angst, wie er das so sagte, aber er lachte dann immer, als hätte er nur geflachst. Doch intuitiv spürte ich, dass sich dahinter tiefer Ernst verbarg.

Meine jüngste Tochter war etwa ein Jahr alt, als ich wieder dieses Gefühl hatte, Gott riefe mich zur Rückkehr. Doch dieses Mal war es anders. Mich überkam eine seltsame Furcht und Gedanken an den Tod stellten sich ein. Wenn ich sterben würde, ohne mit Gott im Reinen zu sein, was würde aus meinen Kindern werden, die noch nie von ihm gehört hatten? Ich hatte es bis jetzt versäumt, ihnen von dem zu erzählen, der sie unendlich mehr liebte als selbst eine Mutter es kann.

Mir wurde klar, welch riesige Verantwortung ich trug. Ich war in großer Not! Ich musste etwas tun, und zwar schnell. Durch diese Erkenntnis fand ich zurück zu Jesus. Welche Auswirkungen das auf meine Ehe haben würde, darüber machte ich mir diesmal keine Gedanken. Zurück zu Gott, das war alles, worum es mir ging.

Wie hatte ich meinen Kindern all die Erlebnisse mit Gott vorenthalten können, die meine eigene Kindheit so schön gemacht hatten? Ich sehnte mich nach Gott und seinem Frieden. Fast war es mir, als hörte ich die altvertraute Stimme unserer Betreuerin aus dem Kindergottesdienst, wie sie uns Geschichten von Jesus erzählte. Vor meinen Augen tauchten die lieb gewordenen Flanellbilder auf, so klar und deutlich wie damals, als wir sie von unseren kleinen Stühlen aus bewunderten. Ich wünschte mir, meine Kinder würden dasselbe erleben und genauso glücklich sein wie ich als kleines Mädchen, das in einem christlichen Elternhaus aufwachsen konnte.

Mohamed war dabei, seinen Islamunterricht für die Kinder zu intensivieren. Ich sah ihnen an, dass es keinen Spaß machte – sie schauten bedrückt. Das Lernen war sehr anstrengend für die Kinder. Sie verstanden die Sprache nicht; sie wussten nicht, was die Gebete bedeuteten. Mohamed war nicht sehr geduldig und schlug sie häufig, wenn sie den Text nicht richtig aufsagten.

Es war für mich fast unerträglich, Tag für Tag mit ansehen zu müssen, wie sie mit traurigen, verweinten Augen stundenlang dasaßen und Gebetsabschnitte lernen mussten. Ich wollte unbedingt etwas unternehmen, aber ich wusste nicht was. Sollte ich mit den Kindern weggehen? Aber wohin? Wie würde Mohamed reagieren? Ich wurde immer unglücklicher. Wie oft fragte ich mich: Sieht so Partnerschaft aus? Ist das wirklich Ehe?

Zwischen mir und Mohamed baute sich eine unsichtbare Mauer auf. Ich erlebte, was es bedeutet, wenn man sich für den falschen Partner entschieden hat. Was ich für feines Gold gehalten hatte, war in Wirklichkeit nur mattes Messing. Leidenschaft und Liebe waren Vergangenheit. In Zukunft würde ich wohl mein Schicksal stumm ertragen müssen.

Unsere einzige Gemeinsamkeit waren die Kinder. Wir redeten nicht mehr richtig miteinander. Ich fühlte mich trostlos und versklavt, dennoch erlaubte mir meine christliche Erziehung nicht, an Scheidung zu denken. Ich wusste, dass die Ehe lebenslange Gültigkeit hat, und so nahm ich mir vor, das Beste daraus zu machen. Aber wie sollte ich das allein schaffen?

Meine inneren Kämpfe machten sich körperlich, seelisch und geistlich bemerkbar. Ich litt unter Herzrasen und fühlte mich meistens schwach und kraftlos. Der Dauerstress machte mich kaputt. Ich lebte in ständiger Angst zu sterben, und meine Kinder ohne jede Hoffnung auf einen göttlichen Erlöser zurücklassen zu müssen. In meiner Ohnmacht und meinem Kummer rief ich aus: „Jesus, wenn es dich wirklich gibt und du barmherzig bist, dann hilf mir! Ich bin am Ende." Wenn es überhaupt eine Lösung für meine Probleme gab, dann nur bei Jesus, das wusste ich. Aber ich hatte mich so weit von ihm entfernt, dass ich nicht sicher war, ob er mein Gebet tatsächlich hören und antworten würde.

3

Gott neu begegnet

Ich hatte gerade die Nachtschicht beendet und war auf dem Weg nach Hause. Die Sonne leuchtete in hellem orange und es wirkte, als ob mein Auto durch ihre mächtigen Strahlen in Flammen stehen würde. Es mag übertrieben klingen, aber der Anblick beschwor in mir eine so tiefe Angst herauf, dass ich um ein Haar den Verkehr und alles um mich herum vergessen hätte. Unwillkürlich musste ich wieder an den Tod denken. Ich wurde diese Furcht einfach nicht mehr los.

Als ich eines Nachts im Bett lag, war es, als würde eine Stimme zu mir sagen: „Esmie, es ist nicht der körperliche Tod ... Du stirbst geistlich." Ich war sprachlos! Ich fragte mich ernsthaft, ob ich noch ganz bei Verstand war, aber gleichzeitig wusste ich, dass ich mir das nicht eingebildet hatte. Es war anders – nachdrücklich und trotzdem sanft. Ich fing an, über die Worte nachzudenken und merkte, dass eine Menge Wahrheit in ihnen steckte. Aber noch immer wusste ich nicht, wie ich aus meiner scheinbar hoffnungslosen Lage herauskommen könnte.

Zwei Tage später hatte ich einen Traum. Ich war mit meinem Vater, der bereits verstorben war, in einem von hellem Licht durchfluteten Raum. Er war beim Essen. Ich bat ihn, mir etwas Brot abzugeben, aber er deutete nur zum Fenster. Als ich in den blauen Himmel hinausschaute, sah ich dort Jesus. Er winkte mir zu – ich sollte kommen. Ich wollte so gerne von dem guten Brot essen, aber Vater schüttelte den Kopf und wies mich darauf hin, dass ich meinen Anteil nur direkt von

Jesus bekommen könne. Ich wusste, was dieser Traum hieß. Christus wollte, dass ich die geistliche Finsternis verließ und in sein Licht kam. Ich wusste auch, dass mir dazu nicht mehr viel Zeit blieb.

Kurze Zeit danach las ich ein kleines Büchlein, es hieß: „Der bessere Weg." Meine Mutter hatte es mir in den Koffer gesteckt, als ich damals von Zuhause wegging. Ich wurde so von den Aussagen gepackt, dass ich es von der ersten bis zur letzten Seite in einem durchlas. Genau das hatte ich gebraucht. Es war, als wäre es nur für mich geschrieben, jedes Wort, jeder Satz, jedes Kapitel.

Ich war fasziniert, wie Gott offensichtlich mit allen Einzelheiten meines Lebens vertraut war und diese Autorin zu einem Buch inspiriert hatte, das sich haargenau mit meinen Problemen beschäftigte. *Wer ist dieser Gott, der mich so unglaublich gut kennt?*, fragte ich mich. Eine befreundete Arbeitskollegin, Olga Smith, empfahl mir ein anderes Buch von derselben Autorin, Ellen G. White. Der Titel lautete: „Das Leben Jesu", eine Art Biographie. Ich fing an zu lesen und mein Herz schmolz wie Eis in der aufgehenden Sonne. Als müsste ich einen uralten Hunger stillen, wollte ich mehr und immer nur mehr von dieser geistlichen Nahrung. Für Bücher hatte ich bisher nie viel übrig gehabt, aber jetzt konnte ich gar nicht genug kriegen. Ich wollte mehr von Jesus erfahren und betete um das richtige Verständnis.

Je mehr ich las, desto mehr interessierte es mich. Ich spürte immer deutlicher, wie ich innerlich berührt und zu Jesus und zur Gemeinde hingezogen wurde. Ich trank von dieser Quelle wie jemand, der kurz vor dem Verdursten war.

Einige Wochen vergingen und ich wünschte mir, wieder das zu erleben, was meine Kindheit so schön gemacht hatte: in der Gemeinde im Gottesdienst zu sitzen und zu singen, all die alten Lieder über Erlösung, den Himmel und Jesus – ja, ich wollte wieder singen, endlich wieder singen! Ich wusste, dass hier Gott am Wirken war und mich zu sich zurückführte. Jetzt endlich konnte ich es sagen: „Ja, Herr!"

Ich sang die Texte ganz bewusst, und in der einfachen Botschaft dieser Lieder, die ich noch aus meiner Kindheit kannte, sprach Gott zu mir.

Jeden Tag fragte ich jetzt nach dem Willen Gottes und mein Vertrauen wuchs stetig. Durch seine Verheißungen machte Gott mir klar, dass ich mit meinen Kindern nicht wegzulaufen brauchte, sondern dass er uns beschützen würde. Trotzdem gab es Fragen, die ich nicht einfach abschütteln konnte: Wie sollte ich Mohamed erklären, was in mir vorging? Ich wollte gerne wieder in die Gemeinde gehen, aber wie sollte ich das am besten anstellen? Manchmal verzweifelte ich fast. Mein Verhalten würde Mohamed kränken, während ich mir doch Harmonie zwischen uns wünschte. Dennoch wollte ich das Wirken des Heiligen Geistes nicht unterdrücken. So entschied ich mich zu einem Glaubensschritt: Ich wollte wieder einen adventistischen Gottesdienst besuchen, allein.

An einem Mittwochabend im Winter 1987 war ich so weit. Als ich den Saal der Adventgemeinde in Hartford, Connecticut, betrat, fühlte ich mich wie der verlorene Sohn, der zu seinem liebenden Vater zurückkehrt. Obwohl mich keiner kannte, waren alle freundlich und herzlich – ich fühlte mich sehr wohl. Wir sangen ein bekanntes Gebetslied, und Ruhe und Geborgenheit breiteten sich in mir aus.

Danach beschäftigten wir uns mit dem Buch Offenbarung. Einiges davon hatte ich noch nie gehört. Ich war als Siebenten-Tags-Adventistin aufgewachsen und hatte immer geglaubt, schon alles zu wissen. Aber an diesem Abend wurde die Bibel für mich lebendig. Ein stiller Friede und innere Kraft erfüllten mich. Mein Leben veränderte sich beinahe mit jeder Minute. Gott ist wirklich da, er lebt! Ich merkte ganz deutlich, wie er behutsam meine Schritte lenkte. Sein Wort war ohne jeden Zweifel wahr, davon war ich jetzt überzeugt.

Die Bibel war nun lebendig für mich. Wenn ich ihre Seiten aufschlug, konnte ich hören, wie Gott zu mir sprach: „Dies ist der Weg, den geh!" Viele Tage lang suchte ich Gottes Nähe, redete, diskutierte mit ihm und sprach meine ganzen Ängste aus. Ich wusste, dass ein Kampf bevorstand, für den ich all meine Kraft brauchen würde.

Ich wollte gerne im Gemeindechor mitsingen, aber man sagte mir, dass es gut wäre, zuerst einmal über Bibelunterricht und eine erneute Taufe nachzudenken. Eine Wiedertaufe erschien mir sinnvoll, denn ich hatte wirklich lange Zeit ohne Gott und ganz nach eigenem Gutdünken gelebt. Die Welt sollte sehen, dass ich nun einen besseren Weg einschlug. Ich nahm an einem Bibelstudienkursus teil und meine Überzeugung vertiefte sich, dass ich mein Leben Gott neu übergeben sollte.

Der Taufunterricht war bald vorbei und meiner Taufe stand jetzt nichts mehr im Wege. Ich wünschte mir nichts sehnlicher, als dass meine Kinder dabei sein könnten. Im Grunde war ich ihnen eine gute Mutter gewesen. Außer der Tatsache eben, dass ich ihnen nie von Jesus erzählt hatte. Ich wollte das wieder gutmachen, denn als gläubige Christin war ich auch für ihre geistliche Erziehung verantwortlich. Nachdem ich mich für den christlichen Glauben entschieden hatte, wollte ich auch meinem Ehemann von Jesus erzählen, aber er wollte nichts davon wissen und verbot mir jemals wieder davon anzufangen, dass Christus der Messias, der Erlöser sei. Für ihn war Jesus nur ein Prophet.

4

Der Tag der Entscheidung

Heute sollte nun meine Taufe sein. Als der Sabbatmorgen anbrach, liefen mir kalte Schauer über den Rücken. In meinem Kopf herrschte das totale Chaos, trotzdem war ich mir meiner Entscheidung sicher.

,Warum war die letzte Woche nur so fürchterlich gewesen', ging es mir durch den Kopf. Ich öffnete die Bibel und fand einen Text, der mich ermutigte. Die Entscheidung für ein Leben mit Christus kann auch zu Auseinandersetzungen und sogar Trennungen innerhalb der Familie führen. Jetzt war mir klar, warum meine Entscheidung für Jesus so viele Schwierigkeiten heraufbeschworen hatte! Tränen der Freude und Dankbarkeit rollten mir über die Wangen. Mir wurde bewusst, dass Jesus mich die ganzen Jahren über, in denen ich nichts von ihm wissen wollte, beschützt hatte. Ich empfand tiefen Schmerz über meine Sünden und die vielen Jahre ohne Gott.

Jesus zeigte mir, dass genau das echte Reue war. Ich wusste, dass ich ihm so viel Kummer gemacht hatte – und es nie wieder gutmachen könnte. Alles, was ich Jesus geben konnte, das war ich selber. Und genau das wünschte er sich. Ab jetzt wollte ich nur noch auf ihn hören – nur noch für ihn leben!

Ein Geräusch schreckte mich auf. ,Mohamed!', dachte ich. Ich wusste, dass er wach war. Todesangst schnürte mir die Kehle zu. Ich hatte den Kindern bereitgelegt, was sie zum Gottesdienst anziehen sollten. Ich wünschte mir so sehr, dass sie bei meiner Taufe dabei sein sollten. Mohamed wusste das. Ich versuchte, auf das Schlimmste gefasst zu sein – doch nichts geschah. Mohamed war ruhig und gelassen. Irgendwann verließ er das Haus und ging zur Arbeit, als wäre heute ein Tag wie jeder andere auch. Nicht ein einziges Wort über die Taufe war gefallen. Es war wie ein Wunder.

Einmal mehr dankte ich Gott für seine große Macht und seine Bewahrung. Schnell weckte ich die Kinder auf. Nach unserer Familienandacht machten wir uns fertig für den Gottesdienst. Da Mohamed mit dem Auto unterwegs war, mussten wir zu Fuß gehen. Das Baby kam in den Buggy, die anderen vier Kinder an die Hand. Ich war Gott so unendlich dankbar für die wunderbare Gebetserhörung, dass der weite Weg zur Gemeinde von fünf Kilometern wie im Flug verging.

Die Gemeindeglieder begrüßten uns herzlich und freuten sich besonders über die Kinder. Sie waren wirklich lieb – obwohl sie das Stillsitzen gar nicht gewohnt waren, blieben sie den ganzen Gottesdienst über ruhig und aufmerksam. Außerdem war ja noch meine Schwester dabei. Sie hatte beobachtet, wie mein Leben sich in letzter Zeit verändert hatte, und war dadurch selber wieder zum Gottesdienst gekommen. Unter dem Segen Gottes erlebten wir einen wunderschönen Gottesdienst.

Nach der Taufe fragte der Prediger, wer vielleicht auch den Wunsch hätte, getauft zu werden. Ich war überrascht und berührt, dass Javid, mein Ältester, der damals erst acht Jahre alt war, mit Tränen in den Augen aufstand und seine Hand hob.

Bald danach begann sein Bibelunterunterricht. Als Mohamed davon erfuhr, untersagte er seinem Sohn, ihn weiterhin Papa zu nennen. Javid war noch ein Kind, entsprechend schwer trafen ihn diese harten Worte. Abgesehen vom Arabischunterricht war er immer gerne mit seinem Vater zusammen gewesen. Er genoss es, wenn die ganze Familie etwas gemeinsam unternahm. Javid verkraftete die Auseinandersetzung mit seinem Vater nur schwer, aber er betete zu Gott und fand neuen Mut.

Nachdem ich Javid ermutigt hatte, selbstständig in der Bibel zu lesen, kam er zu mir und sagte: „Mama, ich hab' vielleicht hier keinen Vater mehr, aber ich hab' einen im Himmel."

Seine Worte gingen mir zu Herzen. Javid nahm weiter Bibelunterricht und wurde schließlich getauft.

Als wir eines Morgens Andacht machten, erzählte mir Adam, einer der Zwillinge, von einem seltsamen Traum, den er letzte Nacht gehabt hatte: Während ich nicht zu Hause war, klopfte jemand an unsere Wohnungstür. Sein Vater war im Wohnzimmer und öffnete die Tür. Eine große Gestalt stand davor und glänzendes Licht strömte in die Wohnung. Meine drei Söhne konnten das Licht ohne weiteres ansehen, aber ihr Vater war geblendet.

Ich wusste sofort, dass dieser Traum von Gott kam. Es war in der Tat himmlisches Licht, das in unserem Haus aufleuchtete. Meine Kinder und ich hatten es angenommen, Mohamed jedoch wehrte es ab.

Mit Javids Entscheidung zur Taufe begann eine weitere Familienkrise. Ich durfte das Auto nicht mehr benutzen, Mohamed kaufte keine Lebensmittel ein und fing an, mich zu schlagen. Wann immer die Kinder und ich etwas brauchten, beteten wir. Und wir erlebten, dass genau im richtigen Moment jemand von unserer Familie oder der Gemeinde an die Tür klopfte – genau mit den Dingen in der Hand, die wir gerade dringend benötigten.

Täglich konnten wir miterleben, wie Gott ganz konkret handelte. Unser Vertrauen zu ihm wurde immer stärker. Wir hatten uns entschlossen, keinen Tag mehr ohne ihn zu leben, und er beschenkte uns mit immer neuen Segnungen.

Unser Vater im Himmel hatte für meine Kinder getan, was ich niemals hätte tun können. Ich konnte nicht einfach bestimmte Teile ihrer bisherigen Erziehung wieder auslöschen. Aber durch den Heiligen Geist vermittelte Gott ihnen die Botschaft des Evangeliums.

5

Nach Gottes Willen

In dem Maße, wie die Freude über Gott in meinem Leben größer wurde, wuchs auch Mohameds Gleichgültigkeit mir gegenüber. Teilweise behandelte er mich wie Luft. Er war oft bei seinen saudi-arabischen Freunden in der Moschee. Ich wünschte mir eine bessere Beziehung zu meinem Mann, nicht nur für mich, sondern auch wegen der Kinder.

Mohamed versuchte mehrmals, mir die Kinder wegzunehmen. Einmal hatte er vor, sie mit nach Kanada zu nehmen. Ich bestand jedoch darauf mitzufahren. Später erfuhr ich, dass es einer seiner Entführungsversuche gewesen war, denn sein eigentliches Reiseziel mit den Kindern war Saudi-Arabien.

Nach einiger Zeit fiel mir auf, dass Mohamed mehr Rücksicht und Verständnis zeigte. Er kümmerte sich besser um uns, kaufte Lebensmittel ein, fuhr uns sogar zur Gemeinde und holte uns nach dem Gottesdienst wieder ab.

Es sah ganz so aus, als würde er das Wirken des Heiligen Geistes schließlich doch zulassen. In Wirklichkeit aber plante er, mit der Familie nach Saudi-Arabien zu ziehen.

Er fing an, über das Leben in Saudi-Arabien zu erzählen und wie großartig der Arbeitsmarkt dort sei. Ich fand die Idee nicht gut, aber er war davon überzeugt und sah sich nach einer Arbeitsstelle um. Einer seiner Freunde kam aus einer wohlhabenden Familie, die mehrere Unternehmen besaß. Er versprach, Mohamed eine Arbeit zu besorgen, und so machte er sich auf nach Saudi-Arabien. Die Kinder und ich blieben in den USA.

Etwa zwei Monate nach seiner Abreise wollte er, dass wir nachkommen, aber ich war völlig unvorbereitet; außerdem wollte ich die Sache erst Gott vorlegen. Also sagte ich Mohamed, dass es so Hals über Kopf nicht ginge und dass ich nicht wüsste, ob es überhaupt jemals möglich wäre. Er war sehr wütend, dass ich seine Pläne durchkreuzte.

Das Leben ohne Ehemann und Vater war hart für die Kinder und mich. Von Mohamed erhielten wir keinerlei finanzielle Unterstützung mehr – das war seine Art, uns zum Kommen zu „überreden". Wir hatten weder Lebensmittel noch Geld. Schließlich wurden wir aus unserer geräumigen Wohnung auf die Straße gesetzt. Eine Familie aus der Gemeinde nahm uns bei sich auf.

Mohamed kam in die USA zurück, um mich umzustimmen. Er war verärgert, dass er extra noch einmal den weiten Weg machen musste, nur um mich zu überzeugen. Er sagte mir, dass in Saudi-Arabien alles für uns vorbereitet sei, ein Haus für uns und eine Arbeitsstelle für ihn wären bereits vorhanden.

Ich musste unbedingt Gottes Willen erfahren. Fieberhaft studierte ich die Bibel und suchte nach Hinweisen, welches die richtige Entscheidung sei. Ich betete und fastete. Nach und nach zeigte Gott mir, dass es tatsächlich sein Wille für uns war, Mohamed nach Saudi-Arabien zu begleiten. Es entsprach nicht meinem Wunsch, aber offensichtlich hatte Gott einen ganz bestimmten Plan mit uns. Wir sollten in ein Land gehen, in dem „Finsternis" herrschte, um dort das „Licht der guten Nachricht" anzuzünden.

Es klang wie eine Antwort auf meine Gebete, als ich las:

„Gott ruft christliche Familien in Länder und zu Menschen, wo Finsternis und Irrtum herrschen, damit sie dort langfristig für ihren Herrn arbeiten. Das bedeutet, vieles aufzugeben. Viele wollen erst auf bessere Umstände warten, doch in derselben Zeit sterben Menschen ohne Hoffnung und ohne Gott. Wie vielen sind ganz unreligiöse Ziele oder wissenschaftliche Forschungen so wichtig, dass sie weder gefährliche Krankheiten noch Schwierigkeiten oder ein primitives Leben scheuen!

Wer ist bereit, das Gleiche auf sich zu nehmen, um anderen von unserem Erlöser zu erzählen? Wo sind Männer und Frauen, die in diese Gebiete gehen, um den Menschen das Evangelium weiterzugeben und die Finsternis durch das Licht eines Retters zu durchbrechen?

Wenn Familien bereit sind, dort zu leben, wo diese Erde dunkel ist und Menschen mit geistlicher Blindheit geschlagen sind, und wenn dort das Licht von Christus durch sie hindurch aufleuchtet, dann kann ungeheuer viel erreicht werden. Sie können unauffällig und für sich beginnen, und wenn das Werk wächst, werden sich auch die nötigen Mittel finden." (E. G. White, „The Adventist Home", S. 488)

Obwohl der Ruf nach Saudi-Arabien sich bestätigte, betete und fastete ich weiter. Auch in den folgenden Wochen schien alles in dieselbe Richtung zu deuten, jedes Gebet, jede Predigt, jede Überlegung. Als christliche Ehefrau und Mutter nahm ich die Verantwortung für meine Familie sehr ernst. Ich wusste auch, dass das Evangelium von Jesus Christus in der ganzen Welt verkündet werden sollte. Außerdem hatte ich den Eindruck, dass Gott mich für das Werk auserwählt hatte, die Gute Nachricht nach Saudi-Arabien zu bringen und dort gleichzeitig auch eine gute Ehefrau und Mutter zu sein. Ich wusste, dass dort Menschen waren, die sehnlichst darauf warteten, von Jesus zu hören.

Bei aller Begeisterung war auch Angst dabei – ich wusste einfach nicht, was mich dort erwarten würde. Die Angst war das Einzige, was mich von diesem Schritt abbringen wollte – aber ich war sicher, diese Angst kam nicht von Gott. Es war richtig spannend – ich würde in einem fremden Land Zeuge für Jesus sein!

Zu dieser Zeit arbeitete ich als Verkäuferin von Gesundheitsbüchern und christlicher Literatur. Ich fand jemanden, der mein Auto kaufte, ein Gemeindeglied. Es gab eine wundervolle Verabschiedung von meinen Geschwistern in der Gemeinde und ich wurde mit Karten und Geschenken überhäuft. Irgendwann war das letzte „Auf Wiedersehen" gesagt und wir befanden uns auf dem Weg nach England, wo wir einige Zeit mit meiner Mutter und Verwandten verbringen wollten, um dann weiter nach Saudi-Arabien zu reisen.

Meine Familie in England machte sich ziemliche Sorgen wegen meiner Entscheidung. Ich erzählte ihnen, dass es Gottes Plan sei, und als sie sahen, dass ich fest entschlossen war, fanden sie sich damit ab.

Wir waren drei Monate in England. Während dieser Zeit vertiefte sich meine Beziehung zu Jesus. Ich las regelmäßig in der Bibel und lernte ihn immer besser kennen. Die Geschichte vom Apostel Paulus ermutigte mich: Drei Jahre hatte er in dem Gebiet des heutigen Saudi-Arabiens verbracht. Ich war also nicht die Einzige, die für die Sache Gottes Einsamkeit ertragen musste.

Am letzten Abend vor der Abreise gab Gott mir den Gedanken, muslimische Kleidung zu tragen. Ich stellte keine Fragen, ich tat es einfach.

Ich wollte auch eine größere Anzahl von Büchern mitnehmen. Beim Packen steckte ich sie so unauffällig wie möglich zwischen meine Sachen und betete, dass sie nicht entdeckt würden. Ich wollte viel zum Lesen haben, um die einsamen Stunden weit weg von der Familie und den Freunden füllen zu können, und ich wollte Jesus noch näher kommen.

Ich entfernte den Einband der Bücher und wickelte sie in Pullover oder Handtücher ein, damit sich alles weich anfühlte und nichts auffiel. Mohamed hatte mich davor gewarnt, christliche Literatur mitzubringen – sie würde nur gefunden und beschlagnahmt werden, ein unnötiges Risiko. Würden wir damit erwischt, könnte man uns sogar einsperren.

6

In die Fremde

Auf dem Flug war ich ruhig und innerlich Gott ganz nahe. Meine Gedanken waren bei der riesigen Verantwortung, die auf mir ruhte – die frohe Botschaft in ein dunkles Land zu tragen. Als wir Syrien überflogen, waren die Kinder von dem wunderschönen Licht der Städte fasziniert. Ich musste unwillkürlich daran denken, was passieren könnte, wenn am Zoll meine Bücher entdeckt würden. Ich betete noch ernsthafter.

Es war Mitternacht, als wir am 24. Juli 1989 auf dem Dhahraner Flughafen in Saudi-Arabien landeten. Die Temperatur lag auch jetzt noch bei 32 Grad. Es war heiß und sehr schwül. Als wir uns der Zollabfertigung näherten, betete ich: „Herr, zeige mir den richtigen Beamten."

Im nächsten Moment tauchte ein älterer Herr auf und winkte uns an den ersten Tisch. Meine stummen Gebete wurden immer inbrünstiger. Langsam dämmerte mir, was für eine Gefahr die Bücher bedeuten könnten. Ich wusste, dass Schmuggel schwer bestraft werden konnte, sogar mit dem Tod.

Mein Herz schlug mir bis zum Halse, als wir an den Tisch traten. In atemloser Spannung verfolgte ich, wie die Zollbeamten anfingen, die Koffer zu durchsuchen. Zu meiner großen Überraschung stießen sie auf kein einziges Buch. Ich war überglücklich und konnte mich kaum beherrschen. ‚Gott tut ein Wunder', dachte ich. Andererseits beunruhigte es mich etwas. ‚Wo waren die Bücher?'

Jetzt wurde der Koffer mit meiner Bibel auf den Tisch gelegt. Ich betete wie noch nie zuvor. Stumm starrte ich auf die Zöllner, die alles durchwühlten und dann die in einen mollig-weichen Pullover eingewickelte Bibel hervorzogen. Es war klar, dass sie absichtlich dort versteckt worden war. Sie wickelten sie aus und blätterten die Seiten flüchtig mit dem Daumen durch. Mein Puls raste und ich bekam Todesängste.

Der Heilige Geist ließ mich spüren, dass ich ruhig bleiben und mir nichts anmerken lassen sollte, Gott würde sich um alles kümmern. Ich betete: „Herr, dein Wort ist wie ein Licht bei einer Nachtwanderung. Ich brauche es! Bitte lass nicht zu, dass sie es mir wegnehmen." Andere Beamte wurden gerufen. Ich zitterte, als ich ihre Waffen sah, gleichzeitig versuchte ich krampfhaft, nicht völlig die Fassung zu verlieren. Auf einmal verstand ich, warum Gott mir eingegeben hatte, mich muslimisch zu kleiden – es war in dieser Situation wie eine schützende Fassade. In meinem Herzen war ich ihm so dankbar dafür.

Äußerlich gesehen waren wir eine ganz normale Moslem-Familie. Die Zollbeamten unterhielten sich in ihrer Sprache und warfen uns immer wieder Blicke zu, während sie in der Bibel hin- und herblätterten. Dann fragten sie einen schon sehr nervös gewordenen Mohamed: „Sind sie Moslem?"

„Ja, natürlich", sagte er. „Zeigen sie Ihren Ausweis", hieß es dann.

Sein Name und sein langer Bart machten ihn zu einem typischen Moslem und ließen eigentlich keinen Zweifel an seiner Herkunft. Mit mir sprach keiner, denn in Saudi-Arabien ist Kontakt zwischen Männern und Frauen nicht üblich, schon gar nicht in Gegenwart des Ehemannes. Für einige Minuten, die mir wie eine Ewigkeit schienen, herrschte Stille. Dann plötzlich war lautes Gelächter zu hören. „Ihr seid Moslems! Ihr könnt gehen. Wir durchsuchen nichts mehr, alles in Ordnung." Auf meinen Lippen war freudiges Lob und in meinem Herzen tiefe Dankbarkeit. Was für einem großartigen Gott wir doch dienen!

Die Beamten legten meine Bibel wieder in den Koffer und machten ihn zu, das restliche Gepäck bekam blaue „Zoll passiert"-Aufkleber, obwohl niemand einen Blick hineingeworfen hatte. Wäre mein Handgepäck kontrolliert worden, wäre kein langes Rätselraten notwendig gewesen, von welcher Sorte die Bücher darin wären, denn das war mehr als offensichtlich. Gott hatte eingegriffen, wie schon so oft. Es war das erste von vielen Wundern, die ich in Saudi-Arabien erleben sollte. Gott war ohne Zweifel bei mir und ich fühlte mich ermutigt und bestätigt, als ich geraden Schrittes durch die Kontrollposten ging, die Tür hinaus und mich auf den Weg machte, den Auftrag meines himmlischen Vaters auszuführen.

Sammy, Mohameds Freund, erwartete uns schon mit seinen Dienern. Er strahlte bis über beide Ohren, als er uns erblickte. Sammy und Mohamed umarmten und küssten sich. Die Erleichterung war ihnen anzumerken.

„Hast du's endlich geschafft", grinste Sammy.

Ich wusste genau, was er meinte. Die Tatsache, dass die Kinder und ich schließlich doch in Saudi-Arabien gelandet waren, bedeutete nichts anderes als Mohameds Sieg im Streit über die Religion unserer Familie. Jetzt war er am längeren Hebel.

Die Diener kümmerten sich um unser Gepäck. Wir quetschten uns in das Auto und fuhren nach Damman, das unsere neue Heimat sein sollte. Die Stadt war eine halbe Stunde entfernt. Nach kurzer Zeit hielten wir an einem Hotel. ‚Hotel?', dachte ich. ‚Mohamed hatte doch von einem Haus gesprochen!' Noch am selben Abend kam heraus, dass Mohamed auch keine Arbeit hatte. Da saßen wir also: im tiefsten Mittleren Osten, ohne Geld, ohne Arbeit und ohne Wohnung.

Ich machte mich daran, die Koffer auszupacken. Bestürzt stellte ich fest, dass kein einziges von meinen Büchern zu finden war. Nur die aus meinem Handgepäck waren noch da. Ich fragte Mohamed danach, er guckte mich an und fing an zu lachen: „Glaubst du wirklich, ich würde mich ins Flugzeug setzen, ohne vorher dein Gepäck zu kontrollieren? Deine christlichen Bücher befinden sich in einer englischen Mülltonne."

Doch nicht nur die Bücher waren in seine Hände geraten – auch alle Geschenke und die Karten von meiner Familie und meinen Freunden aus der Gemeinde in Connecticut fehlten. Ich war tief getroffen, ich hatte so viele persönliche Erinnerungen damit verbunden. Die wunderschöne Tafel, die ich zum Abschied von meinem Gebetskreis bekommen hatte. Die Bücher und die Kassetten, die ich so gern gehört hatte und die mir so oft in meinem Glauben weitergeholfen hatten. Am meisten tat es mir um das alte Liederbuch Leid, das schon meinem verstorbenen Vater gehört hatte. Meine Mutter hatte es mir bei unserer Abreise geschenkt. Und das sollte jetzt alles weg sein?!

Ich konnte es nicht fassen. Ich hatte eine Riesenwut im Bauch. Am liebsten hätte ich ihn angeschrien, aber ich riss mich zusammen. Ich wusste, dass ich meinem Mann ausgeliefert war. Niemand kannte mich hier in Saudi-Arabien, niemand würde mir helfen können. Mein Zuhause war sehr weit weg. Er hätte alles mit mir machen können.

Mein Schmerz war so heftig und ging so tief, dass mir Zweifel an Gottes Führung kamen. Die am Zoll so wundersam verborgen gebliebenen Bücher hatte ich mir also nur eingebildet, Mohamed hatte sie ja schon längst „entsorgt". Auf einmal kam mir alles so unwirklich vor. War das Ganze ein Irrtum? War es wirklich Gottes Plan für mich gewesen, hierher zu kommen? Oder hatte ich mir alles nur eingeredet? In meinem Kopf waren nur noch Fragezeichen – die Ungewissheit wurde zur Qual.

Doch gerade jetzt konnte ich Gott unmöglich aufgeben. Alle mir wichtigen Menschen waren weit weg. Die einzig mögliche Verbindung zu ihnen war der Heilige Geist. Im Gebet bat ich Gott um Glauben und Kraft zum Durchhalten. Ich wollte vertrauen können. Es war meine erste Prüfung, und ich wollte sie bestehen, gut bestehen. Irgendwie ahnte ich, dass es nicht die letzte und vor allem nicht die schwerste sein würde. Mit Gottes Hilfe konnte ich mich wieder beruhigen und den Schmerz akzeptieren.

Ich betete, dass meine Bücher und Kassetten irgendjemandem in die Hände fallen würden, der so wie ich von ihnen profitieren könnte. Allmählich fand ich mich mit dem Verlust ab. Ich sagte Gott, dass ich im Himmel gerne Menschen sehen wollte, die durch diese weggeworfenen Bücher zu Christus gefunden hätten. Diese Vorstellung tröstete mich. Und ich hatte ja noch die anderen christlichen Bücher, die Mohamed nicht gefunden hatte. Ich trug sie immer bei mir.

7

Erste Begegnungen

Wir waren nachts angekommen, daher konnte ich das Land erst am nächsten Morgen in Augenschein nehmen. Als ich einen Blick aus dem Fenster warf, sah alles nur braun und ausgedörrt aus. Die wenigen Bäume und Rasenflächen, die es gab, konnten nur durch großzügiges Bewässern und Düngen überleben. Ich suchte vergeblich nach Farbe. Die Hitze war erdrückend und beißender Gestank lag in der Luft. Bei diesen Temperaturen waren die Straßen tagsüber wie leergefegt. Ein Gefühl der Verlorenheit überkam mich. Ich fühlte mich furchtbar allein, abgeschnitten vom Rest der Welt.

Am späten Vormittag ging Mohamed in Sammys Büro. Sammy war einer der Freunde, die Mohamed in Connecticut kennen gelernt hatte. Nach dem Studium war Sammy in seine Heimat zurückgekehrt. Er kam aus wohlhabenden Verhältnissen und hatte Mohamed versprochen, ihm in einem seiner Geschäfte eine Arbeit zu besorgen.

Während Mohamed unterwegs war, machten die Kinder und ich Familienandacht. Danach telefonierte ich mit meinen Angehörigen in England und den USA, um ihnen zu sagen, dass wir gut angekommen waren. Ich erzählte ihnen auch von meinen Sorgen wegen des verschobenen Wochenrhythmus in Saudi-Arabien: Samstag war hier der erste Wochentag und das Wochenende war donnerstags und freitags, mit Freitag als Feiertag. Sicherlich würde man meine Kinder am Samstag, unserem Sabbat, in die Schule schicken.

Ich fragte mich, was da noch alles auf uns zukommen würde. Ich wollte nicht, dass die Kinder die Sabbatruhe brechen müssten, also legte ich es Gott vor: „Herr, bitte lass nicht zu, dass meine Kinder jemals am Sabbat zur Schule gehen müssen." Ich hatte keine Ahnung, wie er mein Gebet erhören würde, ich verließ mich einfach darauf.

Kaum hatte ich eine Sorge abgegeben, kam schon die nächste: Wo sollten wir sabbats bloß Gottesdienst feiern? Ein Sabbat ohne Gemeindebesuch war für mich unvorstellbar. Ich sprach mit meiner Schwester am Telefon darüber. Sie beruhigte mich damit, dass echte Sabbatruhe vor allem eine Sache des Herzens sei, und Gemeindebesuche wie bisher wären unter diesen Umständen eben nicht möglich. Auch wenn es schön sei, am Sabbat so viele Freunde und Geschwister zu treffen, so ginge es zuallererst um die Gemeinschaft mit Gott, und das sei immer und überall möglich.

Das Gespräch mit meiner Schwester ging mir lange nicht aus dem Kopf. Mir wurde bewusst, dass man aus den unterschiedlichsten Gründen in die Gemeinde gehen kann. Manche haben vielleicht ein schlechtes Gewissen, bei anderen ist es die Macht der Gewohnheit oder ein angenehmer Abschluss der Arbeitswoche. Gott aber wünscht sich, dass wir erfüllt sind von seinem Geist und seiner Wahrheit. Das machte mir wieder Mut. „Herr, nur meine Kinder und ich sind übrig geblieben", sagte ich, „keine Freunde sind da, niemand, mit dem ich sprechen kann, den ich um Rat fragen kann oder der mich ermutigt, ich habe nur dich, Herr."

Ich war mir jetzt sicher, dass Gott unseren Gottesdienst annehmen würde, auch ohne Gemeinde. An ihm wollte ich mich festhalten, denn wenn sich in Zukunft einer um mich und meine Bedürfnisse kümmern konnte, dann nur er.

Als Mohamed vom ersten Arbeitstag in Sammys Büro nach Hause kam, wollte er mit uns zum Markt – eine willkommene Gelegenheit, meine trüben Gedanken und die bedrückenden vier Wände mal hinter mir zu lassen. Wir wurden zum Marktplatz chauffiert, wo wir ausstiegen und unsere Blicke über die zahlreich angebotenen Waren schweifen ließen. Irgendwann merkte ich, dass ich offensichtlich allgemeines Aufsehen erregte. Alle stierten mich an. In ihren Augen war Verachtung zu erkennen. Ich kam mir vor, als würde ich nackt zur Schau gestellt. Dann dämmerte es mir – wo ich auch hinblickte, überall waren nur männliche Gesichter zu sehen. Die Frauen hatten sich von Kopf bis Fuß mit einem eigenartigen, dünnen, schwarzen Stoff verhüllt. Selbst die Gesichter waren bedeckt, so konnte ich nicht erkennen, ob sie mich auch anstarrten.

Mein Mann führte mich zu einem Stand mit wunderhübschen Kleidern. Ich überlegte, ob er mir eins kaufen wollte, aber der Gedanke erübrigte sich schnell. Er griff nach einer Art Mantel, der ganz so aussah, wie die schwarze Bekleidung der anderen Frauen, inklusive Kopftuch. Als er bezahlte, sagte er mir, ich solle das tragen, wann immer ich das Hotel verlassen oder mich sonst in der Öffentlichkeit sehen lassen wollte. Man nennt diese schwarze Kleidung „Abaya". Es gibt dafür noch viele andere Bezeichnungen, je nach dem, wo man sich in der arabischen Welt befindet.

„Warum schwarz?" fragte ich. Schwarz sei hässlich, lautete die schlichte Erklärung, und Frauen trügen diese hässliche, formlos herabhängende Kleidung, damit die Männer nicht in Versuchung gerieten. Wenn die Männer die Schönheit und weiblichen Rundungen der Frauen sehen könnten, dann würden sie zum Ehebruch verführt.

Ich versuchte aus jeder Situation einfach das Beste zu machen. Diese Art der Kleidung war recht praktisch, besonders morgens, wenn ich noch schnell etwas fürs Frühstück besorgen wollte, bevor die Kinder wach wurden. Ich hüllte mich einfach in den schwarzen Stoff ein und schon konnte es losgehen.

Es gab tausend Dinge, an die ich mich erst langsam gewöhnen musste. Überall engten irgendwelche Verbote mein Leben ein. Es war, milde gesagt, ein Schock, als mir klar wurde, dass das auch so bleiben würde, denn dieses Land sollte ab jetzt meine Heimat sein. Also bat ich Gott, dass ich mich hier rasch in die Gebräuche und die Mentalität der Menschen hineinfinden könnte.

Am Abend waren wir bei Sammy eingeladen. Das Erste, was mir hier auffiel, war, dass das Haus vier Eingänge hatte – zwei für die Männer und zwei für die Frauen. Mohamed und die Jungs gingen durch die eine Tür, die Mädchen und ich durch eine andere. Kaum waren wir im Haus, wurden wir freundlich von Mona, Sammys Frau, empfangen. Sie hatte ein sympathisches Lächeln und sagte mir, dass sie schon viel von mir gehört hätte und sich freuen würde, mich nun zu Gast zu haben. Unter den Gästen war auch eine amerikanische Frau, Zainup. Ihr Mann war Syrer, sie hatten sich in North Dakota beim Studium kennen gelernt und hatten drei Kinder. Die Frau hatte einen christlichen Hintergrund, war jetzt aber fromme Muslime.

Ich fühlte mich wohl hier. Nach der Begrüßung konnte ich meinen Schleier abnehmen, denn in diesem Teil des großen Hauses waren die Frauen unter sich. Wir machten es uns auf Monas wunderschönem Perserteppich gemütlich und unterhielten uns. Sie stellten Fragen über meinen Glauben, und so erzählte ich von einigen Erfahrungen mit Gott. Weil ich wusste, dass Jesus für sie nur ein Prophet war und nicht der Sohn Gottes, wollte ich taktvoll sein. Ich sprach immer nur von „Gott" und benutzte dafür sogar oft „Allah" als

Gottesnamen. „Jesus" sagte ich nur dann, wenn sie den Namen selber ins Spiel brachten und etwas Bestimmtes über ihn wissen wollten. Sie schienen froh zu sein, dass ich auf alles bereitwillig antwortete. Und ich spürte, dass sie mich und meinen Glauben respektierten.

Die Fragen nahmen gar kein Ende, aber ich antwortete gern. Ich wusste, dass Gott mich gebrauchte. Er bewahrte mich auch davor, ihnen etwas aufzudrängen. Stattdessen versuchte ich, mich ganz vom Heiligen Geist führen zu lassen und sein Sprachrohr zu sein.

Wir wurden von den Dienern unterbrochen, die uns ein köstliches Mahl aus Salat, Huhn, Reis, Kartoffeln und Gemüse servierten. Wir saßen im Schneidersitz auf dem Boden und aßen gemeinsam von einer großen Platte. Ich benutzte bewusst nur die rechte Hand zum Essen, das war so Sitte. Mit der linken Hand zu essen gilt als schlimmes Vergehen. Selbst die Haltung beim Essen ist wichtig. Genauso sind nur bestimmte Schlafstellungen erlaubt. Viele Tätigkeiten des Lebens sind reglementiert. Auf jeden Fall richtig liegt man aber, wenn man sich an das Vorbild des Propheten Mohammed hält. Jeder gute Moslem versucht zu leben, wie Mohammed es tat.

Es war Mona nicht entgangen, dass ich weder das Fleisch noch den starken schwarzen Kaffee vor mir angerührt hatte. Als sie mich danach fragte, überlegte ich, wie ich es erklären könnte, ohne sie vor den Kopf zu stoßen. „Unser Körper gehört Allah, weil er uns geschaffen hat, und er verdient unser Allerbestes." Die Worte fielen mir nur so zu. „Wenn Allah uns etwas Besseres zeigt, und wir das einsehen, dann sollen wir uns durch Allahs Kraft auch daran halten. Jeder sollte auf seine Gesundheit achten, also sich vernünftig ernähren. Schließlich geht es um die Wohnung Allahs, denn wir sind sein Tempel."

Mona sah mich erstaunt an. Sie war sichtlich beeindruckt. So etwas hatte sie noch nie gehört, aber sie konnte mir zustimmen.

Nach dem Abendessen unterhielt ich mich ein bisschen mit Zainup. Sie schien eine ängstliche Natur zu sein und sprach mit starkem Akzent, obwohl sie eigentlich Amerikanerin war. Wer sie nicht kannte, musste sie für eine Araberin halten, die gerade Englisch lernte. Nur ab und zu kam die Muttersprache wieder durch.

Wie traurig, dachte ich. Wer war diese Frau jetzt? Ihre Heimat war North Dakota, ihre Muttersprache war Englisch und nun sprach sie schon mit arabischem Einschlag, nachdem sie erst zwei Monate hier war! Sie kam mir verstört und unglücklich vor. Ihre eigene Persönlichkeit schien verloren gegangen. In meinem Inneren fühlte ich mit ihr. Ich merkte, wie froh sie war, mit mir reden zu können. Wir kamen aus derselben Kultur, dadurch fühlten wir uns natürlich verbunden. Irgendwie lagen mir diese Frau und ihre Kinder am Herzen und ich sprach ein stilles Gebet für sie.

Viel zu bald schon ließ mir mein Mann durch die Diener ausrichten, dass er gehen wollte. Einer der Hausangestellten reichte mir mein schwarzes Gewand. Ich bedankte mich bei Mona für den angenehmen Abend. Zainup und ich wollten uns auf jeden Fall wieder sehen. Ich verabschiedete mich mit einem „Assalamu Alaikum" und machte mich mit Mohamed und den Kindern auf den Heimweg.

An diesem Abend war ich Gott so dankbar für die vielen Dinge, die er uns als Gemeinde über gesunde Lebensweise gezeigt hat. Und auch für die fantastischen Gelegenheiten, von Gott zu erzählen. Ich betete für Zainup und Mona, dass der Heilige Geist durch meine Worte etwas in ihnen bewegen könnte.

8

Sabbat

Der Abend bei Mona und Sammy war sehr interessant für mich gewesen. Es hatte mir unheimlich gut getan, die Frauen kennen zu lernen und vor allem das zu tun, was mit Sicherheit meine Aufgabe in diesem Teil der Welt war: von Gott zu erzählen. Im Hotel vertrieb ich mir am nächsten Tag die Zeit mit allen möglichen Hausarbeiten. So kam ich nicht in Versuchung, wieder ins Grübeln zu verfallen.

Die Arbeit in Sammys Büro nahm Mohamed fast völlig in Beschlag, die Kinder und ich hatten nur wenig von ihm. Die Stunden allein oder nur mit den Kindern wurden mir lang. Ich entschloss mich, die Wäsche zu machen, sammelte die ganzen Kleidungsstücke zusammen und wusch sie mit der Hand. Ich versuchte über biblische Dinge nachzudenken, aber ich konnte mich nicht konzentrieren. Ich sah immer nur auf dieselben kahlen Wände. Dieser kleine Raum war meine ganze Welt.

Am Freitag sollten wir zum ersten Mal den heiligen Tag der Araber erleben. Mohamed weckte die Kinder morgens um halb Vier und fuhr mit ihnen an den Strand. Ich wurde nicht gefragt, ob ich mitkommen wollte. Mir blieb nichts anderes übrig, als wieder einen Tag in einem fremden Land allein zu verbringen.

Als alle gegangen waren und es still wurde, überkamen mich Gefühle der Einsamkeit und Angst. Ich war schon wieder halb eingeschlafen, als ich auf einmal spürte, dass ich nicht allein im Raum war. Ich drehte mich um, doch niemand war zu sehen. Um mich herum nur dunkle, unheimliche Schatten. Plötzlich durchfuhr mich etwas wie ein elektrischer Schlag. Ich lag wie gelähmt da und konnte nicht mehr atmen. Ich hatte das Gefühl, in der Gewalt böser Mächte zu sein und zweifelte keine Sekunde daran, dass es ihnen um mein Leben ging.

Ich schrie zu Jesus, er möge Satan zurückdrängen. Nach und nach wich die dunkle Bedrohung und mir wurde leichter. Ich setzte mich auf und betete. Keine Frage, um mein Leben tobte ein unsichtbarer, aber nichtsdestoweniger erschreckend realer Kampf. Ich verstand jetzt besser, wie sehr ich Stärke und Standhaftigkeit von Gott brauchte und wie wesentlich die ständige Verbindung zu ihm war. Wenn ich das Feld als Siegerin verlassen wollte, dann brauchte ich sowohl geistlich als auch körperlich die beste Nahrung.

Ich nutzte die Ruhe dieses Tages. Zum Frühstück bestellte ich Toast, Orangensaft und Müsli. Dann machte ich mich daran, noch einige Koffer auszupacken. Ich dachte über Gott nach und fragte mich, was die Zeit hier wohl bringen und wie lange ich bleiben würde. Die Zukunft meiner Kinder machte mir besondere Sorgen.

Dann kam unser erster Sabbat in Saudi-Arabien. Die Stimmung war gedrückt, wir hatten alle Heimweh und vermissten die Gemeinschaft und den Gottesdienst. Trotzdem rafften wir uns auf und hielten für uns Gottesdienst, während Mohamed bei der Arbeit war. Er hatte jetzt eine feste Anstellung in Sammys Unternehmen.

Mit der Zeit lernten wir neu, Sabbat zu feiern. Sabbat bedeutet, ganz und gar zur Ruhe zu kommen und Gottes Nähe zu suchen. Wo man das tut, ist nicht so wichtig. Es ist nicht immer möglich, Gottesdienst in einer Gemeinde zu feiern. Unsere Sabbate waren eine Zeit der Anbetung, so gut es die Umstände eben erlaubten. Aber immer mit der Gewissheit, dass Gott uns liebt und die Art unseres Gottesdienstes akzeptiert.

9

Mutterseelenallein

Nach zehn Tagen im Hotel bezogen wir eine riesige Wohnung, so groß, dass Frauen und Männer ihre eigenen Bereiche haben konnten, wenn wir Gäste einladen wollten. Wir hatten keine Möbel, also streckte uns Sammy für die nötigsten Anschaffungen etwas Geld vor. Wir kauften einen Herd, einen Kühlschrank und später eine Waschmaschine. Zum Sitzen im Wohnzimmer gab es Kissen entlang der Wand, als Betten kauften wir Matratzen.

Das war unser Zuhause. Kein Telefon und damit keine Möglichkeit, im Notfall schnell Hilfe zu holen. Ich fühlte mich unglaublich einsam und von der Außenwelt abgeschnitten. Kein Mensch konnte meine Sprache, kaum, dass ich mal einen Nachbarn zu Gesicht bekam. Ich war in allem auf Mohamed angewiesen. Es war wie ein Leben in der Zwangsjacke und ich musste mich damit abfinden.

Ein Tag war wie der andere. Die meiste Zeit hielt mich der Haushalt auf Trab: Wäsche waschen und Essen machen. Am schlimmsten war das Kochen. Die Erbsen mussten aus den Schalen gepult und der Reis und das Gemüse akribisch nach Insekten durchsucht werden. Aber eben nicht nur gelegentlich, sondern praktisch täglich, ohne Ausnahme. So übte ich mich als fleißige Hausfrau und Mutter.

Wann immer Mohamed außer Haus war, ergab sich für die Kinder und mich die Gelegenheit zur Andacht. Wir lasen zusammen, studierten die Bibel und beteten.

Eines der Kinder wurde am Fenster postiert, um nach Mohamed Ausschau zu halten. Sobald er zu sehen war, versteckten wir die wenigen Bücher, die ich während der Reise noch in meinem Handgepäck gehabt hatte. Die Kinder holten ihr Spielzeug und ich suchte mir eine Beschäftigung in der Küche. Wenn Mohamed die Wohnung betrat, sah alles wie immer aus. Ich muss zugeben, dass mir das Versteckspiel mehr und mehr an die Nerven ging, aber wir machten weiter.

Unsere Ehe glich einem Scherbenhaufen. Wir schliefen in getrennten Betten, das war Mohameds Art, mich für die Ablehnung des Islam zu bestrafen. Als Mutter seiner Kinder hatte ich mich um Anziehen, Füttern und Waschen zu kümmern. Aber Liebe bekam ich keine von ihm. Er war kalt, kleinlich und unbeherrscht mir gegenüber. Oft ging er einfach mit den Kindern weg und überließ mich meinem Schicksal. In unzähligen einsamen Stunden schrie ich im Gebet zu Gott: „Wie lange noch, Herr?" Ich flehte ihn an, irgendetwas zu tun, damit dieser Alptraum ein Ende nehmen würde.

Mit jedem Tag, der verging, wurde ich bedrückter. Ich hatte zwar viel Zeit für mich selbst, aber trotzdem keine Privatsphäre. Mohamed wachte mit Argusaugen über mir und mischte sich überall ein. Jeden Tag musste ich ihm Bericht erstatten, mit wem ich gesprochen hatte, wohin ich gegangen war usw. Dann fragte er das Gleiche die Kinder, um zu sehen, ob ich auch die Wahrheit gesagt hatte.

Mohamed sagte mir ins Gesicht, dass ich mich völlig in seiner Gewalt befände. Sollte ich mich ihm nicht fügen und endlich aufhören, den Kindern von Jesus zu erzählen, würde er dafür sorgen, dass ich ohne die Kinder nach England ausgewiesen würde. Nun war ich wegen unserer heimlichen Andachten noch vorsichtiger. Ich konnte ja nie wissen, wann er die Kinder ausfragen würde, was sie den Tag über so gemacht hätten. Ich bat Gott um Weisheit, um Mohamed immer zwei Schritte voraus zu sein. Ich wartete also ab, bis er den Kindern seine Fragen gestellt hatte, und wenn er dann gegangen war, hielten wir unsere Andacht. Es war sehr unwahrscheinlich, dass Mohamed die Kinder zweimal am selben Tag befragen würde, dazu hatte er zu viel anderes im Kopf. Es blieb ein großes Risiko, aber Gott war auf unserer Seite.

Ich machte mir mehr und mehr Sorgen um meine Familie in England. Wir lebten nun schon eine ganze Weile in Saudi-Arabien und ich hatte noch nicht einen Brief von ihnen bekommen. Meiner Mutter hatte ich bereits mehrmals geschrieben und sogar treu Zehnten und Gaben von dem kleinen Haushaltsgeld beigelegt, das ich ab und an bekam. Ich wünschte mir den Segen Gottes, denn in der Bibel steht, dass Gott denen Segen verspricht, die ihm den Zehnten zahlen.

Normalerweise wurden meine Briefe von meiner Familie gleich beantwortet. Meine Mutter und ich standen uns sehr nahe und hatten uns immer über alles ausgetauscht.

Eines Tages war Mohamed mein Jammern über das Ausbleiben von Post Leid. Er drückte mir einen Brief in die Hand – meinen eigenen Brief! Ich hatte ihn vor längerer Zeit abgeschickt. Der Umschlag war offen, und die im Brief erwähnten Bücher fehlten. Er sagte mir, dass er all meine Post geöffnet hätte und dass nichts zu mir gelangen würde, was Bibeltexte, Gemeindelieder oder sonst etwas Christliches enthielte.

Ich war außer mir. Woher nahm dieser Mensch die Dreistigkeit, sich dermaßen in mein Privatleben einzumischen?! Ich merkte, dass auch Briefe, die ich ihm zur Post mitgegeben hatte, von ihm geöffnet worden waren. Er war der Mittelsmann für meinen gesamten

Briefverkehr gewesen! Vieles, wenn nicht alles, hatte wahrscheinlich nie seinen Bestimmungsort erreicht. Ich war schockiert und tief verletzt, dass er mein Vertrauen so missbraucht und zerstört hatte.

Mohamed wollte alle Bereiche meines Lebens diktieren. Er sagte mir, er werde die Post an mich amtlich zensieren lassen. Auf keinen Fall sollten seine Kinder mit christlichen Büchern in Berührung kommen. Ich nahm mir vor, meine Briefe in Zukunft auf irgendeinem anderen Weg zu verschicken. Mohamed konnte ich jedenfalls nicht mehr trauen. Wenn ich hier in der Fremde nicht durchdrehen wollte, dann musste ich wenigstens Kontakt zu meiner Familie und zu betenden Freunden halten.

Ich brauchte Kommunikation, und ich war wild entschlossen, dafür zu kämpfen. Im Gebet sagte ich Gott dieses Anliegen und bat ihn eindringlich, mir zu helfen, damit meine missionarische Aufgabe in diesem Land nicht vorzeitig zum Scheitern verurteilt wäre. Wir sollen nicht anmaßend sein, dennoch ermutigt uns die Bibel, mit festem Glauben zu Gott zu kommen und unser Anliegen mit Entschlossenheit vorzutragen – und genau das tat ich.

Bedingt durch den ganzen Stress war meine Gesundheit ziemlich angeschlagen, und ich musste mich in der örtlichen Klinik behandeln lassen. Dort lernte ich mehrere christliche Krankenschwestern kennen, die meisten waren katholisch. Ich war überglücklich, wieder Christen zu begegnen! Für Vorurteile war hier kein Platz, dogmatische Unterschiede spielten keine Rolle. Ich war einfach nur begeistert, Menschen gefunden zu haben, die an Jesus Christus glaubten und noch dazu Englisch sprachen.

Mit einer der Schwestern, Katherine, freundete ich mich schnell an. Sie lud mich ein, sie zu Hause zu besuchen. Von da an war ich öfter bei ihr und lernte auch ihren Mann und ihre kleine Tochter kennen. Katherine und ihr Mann mussten nicht nur für ihren eigenen Unterhalt sorgen, sondern auch für ihre Familie in Südindien. Jeden Monat Geld nach Hause schicken zu können, bedeutete harte Arbeit für beide. Katherine erzählte mir von der „Kirche im Untergrund" und den heimlichen Versammlungen zum sonntäglichen Gottesdienst. Ich fand das interessant und hätte gerne mal daran teilgenommen, aber ich war mir unsicher, welches Risiko damit verbunden war.

Um diese Zeit stellte Katherine mir Dr. Rassolpur vor. Sie war Ärztin und auch aus Südindien. Wir kamen sehr gut miteinander aus und ich vertraute ihr einiges von meinem Kummer an. Ich erzählte ihr, dass ich gar keinen Kontakt zu meiner Familie hatte. Sie hörte verständnisvoll zu, war aber gar nicht überrascht. Dann klärte sie mich darüber auf, dass es vielen anderen Frauen hier genauso erging. Die Gesetze des Landes würden Frauen kaum Freiheiten erlauben. Sie bot mir an, meine Post an ihre Adresse schicken zu lassen und sie würde auch meine Briefe für mich einwerfen.

Ich dankte Gott für diese Gebetserhörung. Nun konnte ich wieder Verbindung mit meiner Familie aufnehmen! Wann immer ich in die Klinik ging, versteckte ich die Post in meinem Gewand.

Jetzt konnte ich endlich meiner Familie in England von meiner Lage in Saudi-Arabien erzählen und ohne Zensur ihre ermutigenden Worte lesen. Allein das Wissen, dass da draußen Menschen für mich beteten, war ein ungeheurer Trost. Meine Mutter schickte mir sogar ein größeres Paket, das ich Stück für Stück nach Hause transportierte, so dass Mohamed nichts bemerkte. Es war mit vielen Leckereien gefüllt, die wir schon lange nicht mehr auf dem Tisch gehabt hatten.

Als Katherine und ich uns besser kennen lernten, wollte sie mehr über meinen Glauben wissen. Tiefe Dankbarkeit erfüllte mein Herz. Ich sah darin einen weiteren Grund, warum Gott uns zusammengeführt hatte. Neue Hoffnung keimte in mir auf, dass mein Leben in Saudi-Arabien einen positiven Sinn hatte und nicht nur aus Leiden bestand.

Wir verabredeten einen Termin, an dem wir regelmäßig die Bibel studieren konnten. Doch schon ein paar Tage nach unserer ersten Bibelstunde tauchten unerwartete Schwierigkeiten auf. Ich traf Katherine in der Klinik, aber sie ging mir bewusst aus dem Weg. „Was ist los, Katherine?" fragte ich. Sie stieß mich weg und rief flehentlich: „Geh weg, bitte geh! Lass mich allein."

Ich verließ die Klinik, ging aber nicht nach Hause. Ich hatte mir vorgenommen, draußen bis Dienstschluss auf Katherine zu warten. Ich wollte wissen, warum sie sich so verhielt. Hatte ich ihr irgendetwas getan? Ein paar Stunden später kam sie durch die Tür. Als sie mich sah, rannte sie schnell auf die andere Straßenseite und bewegte sich dann eilig in Richtung ihrer Wohnung. Ich lief ihr nach und fragte nach dem Grund für ihre seltsame Reaktion. Sie antwortete nur: „Bleib auf deiner Straßenseite. Lass mich, bitte!"

Aber so leicht wollte ich mich nicht abschütteln lassen. Vor ihrem Haus versuchte ich sie abzufangen, doch schlüpfte sie wieselflink hinein und schlug mir die Tür vor der Nase zu. Ich trommelte mit der Faust an die Tür. Schließlich öffnete sie einen Spalt breit. „Wenn ich es dir sage, gehst du dann?" flüsterte sie.

„Ja, natürlich", sagte ich. Dann erzählte sie, Mohamed hätte mit der Polizei vor ihrer Tür gestanden und sie beschuldigt, in diesem Land und bei seiner Familie das Christentum einführen zu wollen. Er warf ihr sogar vor, in großem Stil Prostitution zu betreiben. Die Beamten glaubten Mohamed die Geschichte – aus dem einfachen Grund, weil Katherines Familie christlich war. Sie nahmen ihren Mann mit und drohten, sie selbst werde ihr Leben verlieren, sollte sie noch einmal mit mir gesehen werden.

Zum Schutz ihrer Familie in Indien und unseres eigenen Lebens blieb uns keine andere Wahl, als unsere Freundschaft auf der Stelle zu beenden. Beim nächsten Klinikbesuch nahm ich ihr ein kleines Geschenk mit, ein Büchlein mit den Zehn Geboten und der kurzen Widmung: „Katherine, der Heilige Geist wird dein Lehrer sein. Einen besseren gibt es nicht."

Katherines Mann blieb nur für ein paar Tage im Gefängnis. Es dauerte nicht lange, da machte die Geschichte über Mohamed und Katherines Familie auch in der Klinik die Runde. Als Dr. Rassolpur davon hörte, fuhr ihr der Schrecken in die Glieder. Mohamed schien Beziehungen zu höchsten staatlichen Stellen zu haben. Das Risiko, weiter für mich den Postboten zu spielen, wurde ihr zu groß. Ich verstand ihren Konflikt. Weder sie noch Katherine konnten es sich leisten, ihren Posten aufs Spiel zu setzen. Schließlich ging es dabei nicht nur um sie, sondern auch um ihre Verwandten in Indien, die von der finanziellen Unterstützung abhängig waren. Trotzdem fiel es mir unglaublich schwer, diesen Zustand zu akzeptieren. Unwillkürlich stieg in mir Wut auf Mohamed hoch. Wieder war ich von meiner Familie total abgeschnitten, nur seinetwegen!

Ich fühlte mich mutterseelenallein. Die Wohnung war wie ein Käfig, die schöne große Welt da draußen konnte ich nur durch Gitterstäbe betrachten. Ich war allein mit Gott. Niemand sonst war da, dem ich hätte erzählen können, was ich durchzustehen hatte. Niemand sonst konnte verstehen, was tief in mir vor sich ging. Meine Seele war ein Kampffeld zwischen Satan und Jesus Christus. Beten konnte ich nicht mehr. Ich saß nur da und fragte mich, ob das alles wirklich wahr sein konnte. Nichts wünschte ich mir sehnlicher, als jeden Moment wie aus einem Alptraum aufzuwachen, als kleines Mädchen, ein junges, unschuldiges Ding im kuschelig warmen Bett, zu Hause bei den Eltern.

Nicht nur einmal war ich so am Boden, dass mir selbst zum Beten die Kraft fehlte. Dennoch weiß ich, dass der Heilige Geist auch in diesen Zeiten das Seufzen meines Herzens in ein wunderbares Gebet verwandelt hat. Ich las gern in den Psalmen der Bibel und fand darin oft stillen Trost. Der Himmel rückte dann etwas näher und machte mein Leben ein kleines Stückchen erträglicher. Der Heilige Geist tröstete und ermutigte mich immer wieder.

Jesus hat versprochen, uns niemals allein zu lassen. Ich flehte Gott an, mir nahe zu bleiben. Er erinnerte mich an seine Führung in der Vergangenheit, an seine immer während Gegenwart und versicherte mir, dass er mich noch nie verlassen habe und mich niemals verlassen werde. Es ist wichtig, das im Herzen zu behalten.

Ich lobte Gott für das Wunder, dass meine Bibel den Zoll passiert hatte. Wie hätte ich das jemals durchstehen sollen, wenn ich sein Wort nicht als Wegweisung für mein Leben gehabt hätte? Es gab mir das Vertrauen, mich ganz auf Gottes Verheißungen zu verlassen.

10

Freude und Verlust

Damman ist eine alte Stadt mit nur wenigen modernen Gebäuden. Sie war ein Spiegel meiner Isolation in einer fremden Welt, getrennt von Familie und den Freundschaften, die hier und da in meinem Leben entstanden waren.

Mohamed verstand nicht, was ich brauchte und mir wünschte – es interessierte ihn auch nicht. Er empfand nichts mehr für mich, stattdessen reagierte er aggressiv auf mich. Ich fühlte mich wie eine Dienstmagd, die sich ausschließlich um ihren Mann und die Kinder zu kümmern hatte.

Das Bibelstudium mit den Kindern hielt ich aufrecht – und es hielt mich aufrecht. Meine einzige Waffe gegen die Depression. Gottes Wort schenkte mir Trost und Geborgenheit, dadurch konnte meine Seele zur Ruhe kommen. Die Gemeinschaft mit Gott durch sein Wort und das Gebet wurden ein wichtiger Bestandteil meines Lebens.

Ich dachte oft darüber nach, wie es wohl um den Glauben meiner Kinder bestellt war und wie sie überhaupt mit der ganzen Situation klarkamen. Sie hatten sich von allen Verwandten und Schulfreunden trennen müssen, aber sie machten den Eindruck, als hätten sie sich schnell an die neuen Umstände gewöhnt. Langeweile kannten sie nicht, im Gegenteil, sie ließen sich eine Menge einfallen: bastelten Spielzeug aus alten Zeitungen, lachten und spielten zusammen oder stritten sich auch mal, wie Kinder eben sind. Wenn gegen

Abend die Hitze nachließ, spielten sie draußen mit den Kindern aus der Nachbarschaft.

Eines Abends kamen die Kinder plötzlich angelaufen. Sie hatten draußen gespielt und dabei einen Hindu aus Indien getroffen. Er hatte sie gefragt, ob ihre Eltern einen Diener brauchen könnten, denn er sei auf der Suche nach Arbeit. Sie versprachen zu fragen und berichteten nun aufgeregt von dem Erlebnis.

Während der Unterhaltung war dem Mann aufgefallen, dass die Kinder keine Araber waren. Sie sahen zwar arabisch aus, aber ihr Englisch war einfach zu gut. Er fragte die Jungen, woher sie kämen und welche Religion sie hätten. „Wir sind Christen", hörte er zu seiner Überraschung, „und du?" „Ich bin Hindu", antwortete der Mann und fing an, von seinem Glauben und den vielen geschnitzten Göttern zu erzählen, die er verehrte und anbetete.

Die Kinder erwiderten, dass sie es komisch fänden, so einen hölzernen Gott zuerst selber herzustellen und dann zu ihm zu beten: „Eigentlich müsste doch der Gott dich anbeten oder? Schließlich hast du ihn gemacht, also bist du größer als er, ja, du bist sogar sein Schöpfer." Der Mann war sprachlos vor Staunen. Dann erzählten die Kinder ihm von ihrem Gott, der der Größte ist, weil er die ganze Welt und alles darin geschaffen hat, auch das, woraus Hindus ihre Götter machten.

Der Mann sprach davon, dass bei ihnen die Kuh heilig ist und ihr Fleisch nicht verzehrt werden darf. Die Kinder sahen ihn fragend an und erwiderten mit Unschuldsmiene: „Bei uns nicht. Wir beten das Lamm an, das Lamm Gottes, das ist Jesus Christus; es nimmt unsere ganze Schuld weg." Dann erklärten sie ihm, wie früher durch bestimmte Zeremonien menschliche Schuld auf ein unschuldiges Tier übertragen wurde und es getötet wurde, wodurch dem Menschen seine

Sünden vergeben waren. Sie erzählten von Jesus, der als „Lamm Gottes" auf die Erde kam. Gott machte also seinen Sohn zu dem letzten, alles entscheidenden Lamm, das für die Sünden aller Menschen sterben sollte, was dann mit der Kreuzigung auch geschah. Der Vorhang im Tempel zerriss, und zwar von oben nach unten, weil Gott das getan hatte, und Gott war oben, im Himmel.

Ich sah meine Jungs an und traute meinen Ohren fast nicht. In kindlich einfachen Worten hatten sie den ganzen Erlösungsplan beschrieben! „Der Mann hat sich alles genau angehört, Mama", erzählten sie weiter, „es hat ihn wirklich interessiert. Wir haben ihm gesagt, als der Vorhang zerriss, da war es vorbei mit den alten Zeremonien, und heute müssen wir nur Jesus in unser Leben lassen und glauben, dass er als Lamm für uns geopfert wurde, dann werden unsere Sünden genauso vergeben."

„Und wie macht man das?" fragte der Mann.

„Also wir machen das so, dass wir zu Jesus beten und ihm sagen, was wir falsch gemacht haben. Wir glauben daran, dass er wie so ein Lamm ist, und geben unsere Sünden ihm. Er nimmt sie dann von uns weg und gibt uns dafür Vergebung." Ich blickte meine Kinder an und war gerührt. Sie waren so unschuldig und fröhlich. Sie hatten ihren Glauben weitergegeben und ich wusste, dass Gott auch für ihr Leben einen Plan hatte. Mir kamen die Tränen, als mir klar wurde, dass der Heilige Geist im Leben meiner Kinder gegenwärtig war. Ich brauchte mir keine Sorgen um sie zu machen. Gott zeigte mir, dass sie ihm gehörten und dass ich mich nicht vergeblich gemüht hatte. Für sie stand fest, dass sie seine Kinder waren.

„Wir haben dem Mann dann gesagt, dass wir im Moment keinen Diener brauchen, aber wir haben uns für sein Angebot bedankt." Ich sagte den Kindern, dass ich sehr stolz auf sie sei, weil sie so offen und mutig von ihrem Glauben erzählt hatten.

Am Tag darauf hatte ich den Gedanken, den Kindern von Joseph zu erzählen, wie er als unschuldiger Junge von seiner Familie getrennt wurde und in eine fremde Welt kam. Joseph vergaß nicht, was seine Eltern ihm beigebracht hatten und vertraute sein Leben dem allmächtigen Schöpfer von Himmel und Erde an. Er vermisste sein Zuhause und manchmal hatte er Angst, aber er hielt sich an Gott fest und vertraute ihm. Die Geschichte sprach uns alle an, und wir nahmen uns vor, Gott treu zu bleiben, selbst wenn wir einmal voneinander getrennt werden sollten.

Eines Abends saßen die Kinder und ich wieder bei unserer Andacht. Wir sprachen über die Gemeinde der Endzeit und wie man sie erkennen kann. Die Kinder fanden das sehr spannend. Wir waren so vertieft in das Thema, dass wir vollkommen die Zeit vergaßen. Keiner von uns hatte gemerkt, dass Mohamed schon längst hätte zu Hause sein müssen. Eines der Kinder stand am Fenster Wache, doch seltsamerweise war Mohamed noch nicht aufgetaucht. Er war nicht dumm und hatte sich schon gedacht, dass ich nicht aufhören würde, den Kindern biblische Geschichten zu erzählen.

An diesem Abend parkte er den Wagen ein paar Blocks früher und ging zu Fuß zum Hintereingang des Hauses. Er musste bereits eine halbe Stunde oder sogar länger gelauscht haben, als plötzlich die Tür aufflog und ein wutschnaubender Mohamed erschien. Es war zu spät, irgendwelche Bücher zu verstecken – er hatte uns erwischt!

Mit ängstlichem Blick warteten die Kinder, was jetzt passieren würde. Ich sammelte in aller Ruhe die Bücher zusammen, drückte sie fest an mich und ging an Mohamed vorbei ins Schlafzimmer. Ich konnte spüren, wie mir sein Hass und sein Zorn förmlich entgegenschlugen.

Als ich die Bücher wegstellte, kam Mohamed mir nach und raunte: „Du erzählst also noch immer diese Geschichten, ja? Ich will nicht, dass du meine Kinder mit deiner Religion vergiftest!"

Ich sagte kein Wort. Die Fäuste geballt, folgte er mir so dicht, dass ich seinen Atem in meinem Nacken spüren konnte. Hätte ich auch nur versucht, mich zu rechtfertigen, ich hätte diese Nacht nicht überlebt. Es war, als wartete er nur darauf, dass ich irgendetwas sagte, damit er zuschlagen könnte.

Die ganze Zeit lief Mohamed mir zornig nach und beschimpfte mich laut. Den Kindern würde er wohl nichts antun, aber um mich selber hatte ich Todesangst. Ich lief schnell ins Bad und schloss hinter mir zu. Ich zitterte vor Furcht und wusste nicht ein noch aus. Draußen hörte ich Gegenstände durch die Wohnung fliegen. ‚Was jetzt, Gott? Herr, das ist ein Notfall! Bitte rette uns!', schrie ich zu Gott.

Plötzlich hörte ich die Haustür zuknallen. Kurz darauf klopften die Kinder an die Badezimmertür. „Mama, Mama, du kannst rauskommen. Papa ist weg." Sie erzählten, dass Mohamed meine Bibel und alle Bücher, Kassetten oder sonstige Literatur mitgenommen hatte. Ich wurde furchtbar wütend. Er hatte mich meiner einzigen Kraftquelle beraubt! Jetzt schien ich verloren. Ich dachte wirklich, das wäre das Ende!

Ich kann kaum beschreiben, wie ich mich an diesem Abend fühlte – ich war am Boden zerstört. Nachdem ich die Kinder ins Bett gebracht hatte, ging ich in mein Zimmer, kniete mich nieder und betete. Ich sagte Gott ehrlich und ohne Umschweife, wie es in mir aussah. Diese Ungerechtigkeit und Bevormundung, die ich erdulden musste! Ich war völlig aufgelöst. Da war nichts, über das ich in meinem Leben noch selber entscheiden konnte. Ich betete, dass ich nicht den Verstand verlieren würde. Warum musste ich bloß so leiden? ‚Warum, Gott? Warum?'

Es ging mir wie dem Volk der Israeliten: Gott tat Großes für mich und ich war ihm dankbar, dann passierte ein Unglück und ich saß kleingläubig da, fragend und klagend. Mir fielen Bibelstellen ein, die ich irgendwann einmal gelesen hatte, beruhigende, tröstende Worte: Die „sich durch nichts beirren lassen, denen gibt er Heil und Frieden, weil sie sich auf ihn verlassen." (Jesaja 26,3) Der Heilige Geist war gegenwärtig und nahm sich meines verzweifelten Herzens an. Bald war ich tief und friedlich eingeschlafen.

Als ich am nächsten Morgen erwachte, bat ich Gott, mich an Bibeltexte zu erinnern, damit ich auch jetzt noch etwas an die Kinder weitergeben könnte. Unsere Familienandacht wurde zu einem wunderbaren Erlebnis. Gott gab uns so viele Gedanken. Wir sprachen über den Heiligen Geist. Bibeltexte und andere Passagen aus christlichen Büchern kamen uns in den Sinn. Gott gab uns, was wir brauchten. Es war alles andere als das Ende unserer Andachten. Wir konnten erleben, wie Gott uns immer wieder mit Worten beschenkte, die wir irgendwann einmal gelesen und studiert hatten – genau, wie er es in der Heiligen Schrift versprochen hat.

Wie froh waren wir jetzt für jeden Tag unseres Lebens, an dem wir uns Zeit für die Bibel genommen hatten! Aus leeren Gefäßen hätten wir nicht schöpfen können. Wir waren dankbar, dass wir von Gott wussten und ihn kannten. Für die Kinder war es eine tolle Erfahrung, dass immer, wenn Familienandacht war, der Heilige Geist uns ein Gesprächsthema eingab. Jedes Mal fühlten wir uns angesprochen und gesegnet.

11

Zu viel

Etwa eine Woche verging, und langsam wurde ich ungeduldig. Gott hatte mir eine Aufgabe in Saudi-Arabien gegeben, aber mir fehlte das nötige Handwerkszeug – zumindest dachte ich das. Ich fing an, nach meinen Büchern zu suchen – ganz bestimmt hatte Gott nicht zugelassen, dass Mohamed sie vernichtete. Ich durchsuchte jede Ecke und jeden Winkel unserer Wohnung. Nicht einmal den Müll ließ ich aus.

Ich wanderte die Straßen der Umgebung ab und bat Gott, mich zu meinen Büchern zu führen. Gleichzeitig durchwühlte ich jede Tonne in Reichweite – vergeblich. Ich wollte einfach nicht glauben, dass meine Bibel und die christlichen Bücher weg waren. Als ich nach Hause zurückkehrte, war ich mit meinen Kräften am Ende. Ich weinte hemmungslos und flehte Gott um Kraft an, das alles durchzuhalten.

Ist es nicht eigenartig, wie oft wir unsere Sorgen Gott übergeben, nur um sie gleich wieder mitzunehmen? Es ist uns gar nicht bewusst. Alles, was wir merken, ist, dass die Situation immer unerträglicher wird, und mit dem Druck wächst das Misstrauen Gott gegenüber. Irgendwann bricht alles über unserem Kopf zusammen, und dann rufen wir wieder verzweifelt um Hilfe von oben.

Ich hatte gerade das Abendessen vorbereitet, da kamen die Kinder angelaufen. Mohamed hatte sie von ihren Nachmittagsgebeten zurückgebracht und war gleich wieder ins Büro gefahren. Ihre Augen leuchteten und sie wollten mir unbedingt etwas sagen. Ich konnte kaum glauben, was sie mir da aufgeregt berichteten. Mohamed hatte meine Bücher auf die Arbeit mitgenommen und die Männer dort waren dabei, sie zu lesen und darüber zu diskutieren!

Ich hätte vor Freude die ganze Welt umarmen können! Ich lobte und pries Gott. Er hatte meine Bücher zu diesen Männern gebracht, weil er wusste, dass das für mich als Frau unmöglich gewesen wäre. Kleine Samenkörner der Wahrheit wurden ausgestreut und würden durch Gottes Gnade eines Tages aufgehen. Wie wunderbar sich das Blatt gewendet hatte!

Ich musste daran denken, wie wütend ich noch vor kurzem auf Gott gewesen war. Doch nun war ich dankbar und lobte ihn dafür, dass ich auch auf diese Weise die Gute Nachricht verbreiten konnte.

Gott weiß, was zu tun ist und zu welchem Zeitpunkt er seine Macht zeigen muss. Wie sehr brauchen wir doch ein tiefes Vertrauen zu ihm! Gott ist nicht die Ursache für unsere Nöte, vielmehr verwirklicht er in und durch uns seine Pläne selbst dann, wenn unser Glaube klein ist.

Ich konnte es kaum abwarten, Mohamed auf die Nase zu binden, dass ich wusste, wo meine Bücher sind. Kaum war es ausgesprochen, war mir schon klar, dass ich einen großen Fehler begangen hatte. Mein Handeln war voreilig. ‚Warum konnte ich nicht warten, bis Gott sein Ziel mit den Büchern erreicht hatte?‘

Mohamed bekam einen Wutanfall und nannte die Kinder Verräter. Er befahl einem der Mädchen, ihm einen Schuh zu bringen, um die Jungen zu schlagen. Eingeschüchtert gehorchte es. Hilflos mussten wir zusehen, wie er einen nach dem anderen unbarmherzig verdrosch. Sie schrien und weinten. Ich konnte es nicht mehr mit ansehen. Ich warf mich dazwischen und versuchte, Mohamed zu stoppen. „Es ist nicht ihre Schuld!", schrie ich ihn an. „Hör auf! Wenn du jemanden schlagen willst, dann mich! Nicht sie!"

Es war ein wildes Durcheinander, überall Geschrei und Geheule. Irgendwie brachte ich es fertig, Mohamed von den Jungen wegzuzerren. Er drehte sich um und schlug mir hart ins Gesicht. „Nicht, Mama", kreischten die Jungs, „sag nichts mehr! Bitte, Mama, sei still!" Anscheinend glaubten sie, dass ihr Vater sich dann wieder beruhigen würde. Ihr verzweifelter Gesichtsausdruck brach mir das Herz. Ich riss mich zusammen und verließ den Raum. – Niemals werde ich diesen Abend vergessen.

Ein paar Tage später tauchten nach und nach meine Bücher wieder auf. Zuerst fand ich die Bibel, dann die andere Literatur und auch meinen Kassettenrecorder. Ein paar Bücher waren von den Männern zerrissen worden. Die Kinder verrieten mir später, dass ihr Vater die anderen Bücher vor demselben Schicksal bewahrt hatte. Ich war so glücklich, meine Bücher zu sehen! Mir war, als hätte ich nach langer Zeit gute Freunde wiedergetroffen.

Kummer schien mein treuester Weggefährte zu sein. Ein Problem folgte dem anderen. Körperlich und psychisch hatte ich keine Reserven mehr. Die nächste Zeit wurde für mich besonders schwierig. Ich hielt es in der Wohnung nicht mehr aus, also nahm ich die Kinder mit zu einem Park in der Nähe, wo ich lesen konnte, während sie spielten. Draußen in der Natur ging es mir besser, auch wenn es extrem heiß war. Die Zeit verging wie im Schneckentempo, jeder Tag kam mir wie eine Ewigkeit vor.

Sich als Frau allein mit den Kindern in der Öffentlichkeit zu zeigen, ist in Saudi-Arabien ein seltener Anblick. Das Risiko, dabei vergewaltigt oder entführt zu werden, ist hoch. Die Gesetze in Saudi-Arabien sind sehr streng, dennoch gibt es auch hier Kriminalität. Die Medien verschwiegen das aber in den meisten Fällen.

Freitag ist traditionell der Tag, an dem die Familien nach dem Mittagsgebet zusammen essen und dann etwas unternehmen. Entweder es geht an den Strand, wo man schwimmen und spielen kann, oder in einen Park. Es ist aber auch der Tag für öffentliche Exekutionen. An einem Freitag spielte sich Folgendes ab:

Eine große Menschenmenge hatte sich im Stadtzentrum versammelt. Als die Kinder und ich nachfragten, erfuhren wir, dass gerade eine Hinrichtung stattgefunden hatte. Drei Männer waren für Raubmord und Vergewaltigung verurteilt und vor den Augen der Bevölkerung, darunter auch Eltern mit kleinen Kindern, gehängt worden. Man wollte ganz bewusst auch die Kinder dabeihaben, zur Abschreckung.

Inzwischen war ich zu dem Schluss gekommen, dass es für die Kinder und mich besser wäre, Saudi-Arabien zu verlassen. Auf einem unserer Spaziergänge wollte ich Kontakt mit der amerikanischen oder britischen Botschaft aufnehmen und nachfragen, ob uns nicht jemand dabei helfen könnte.

Es war ein echtes Erfolgserlebnis, als ich endlich herausfand, wie das Telefonieren funktionierte. Schließlich kam ich zur US-Botschaft durch. Ich berichtete von meinen Erlebnissen, doch zu meiner großen Enttäuschung wehrte der Beamte nur ab und erklärte, er könne mir nicht helfen. Es lebten viele Frauen in Saudi-Arabien, denen es ähnlich ginge. Ich war am Boden zerstört.

Ich war noch damit beschäftigt, den Misserfolg zu verdauen, als auf einmal die Kinder riefen: „Papa, Papa." Und tatsächlich, Mohameds Wagen hielt neben uns. Offenbar hatte er nach uns gesucht. Eigentlich wollte ich noch vor ihm zu Hause sein, aber er hatte heute unerwartet früh Feierabend gemacht. Ärgerlich stieg er aus, schnappte sich die Kinder und stieß sie ins Auto. Dann fuhr er weg und ließ mich zurück, verängstigt und erschrocken.

Ich hatte Angst vor der Begegnung mit Mohamed, aber ich musste gehen, die Kinder brauchten mich. „Oh, Gott", betete ich, „wo bist du?" Was auch immer passieren würde, ich hatte Gottes Versprechen, dass er mich nie verlassen und nichts zulassen würde, was über meine Kräfte ging. In der Zuversicht, dass Gott an meiner Seite ist, machte ich mich auf den Heimweg. Mohamed erwartete mich an der Tür und nahm mir die Wohnungsschlüssel ab. Jetzt war ich seine Gefangene. Jedes Mal, wenn Mohamed die Wohnung verließ, schloss er mich ein. Die Kinder nahm er jetzt mit zur Arbeit, so konnte ich kaum noch Zeit mit ihnen verbringen.

Umso mehr suchte ich Gottes Nähe. Ich betete für meine Kinder, dass die Einflüsse, denen sie nun ausgesetzt waren, ihnen nicht schadeten. Wenn ich Trost brauchte, ermutigte mich Gott durch sein Wort. Wie durch Jesu Aussage: „Meine Schafe hören meine Stimme", und ich lernte seine Stimme besser kennen als je zuvor. Gott sei Dank!

12

Auseinander gerissen

Mohamed sprach oft über seine Pläne für unsere Söhne. Er machte kein Geheimnis daraus, dass aus ihnen treue Moslems werden sollten.

Gott schien mich durch Träume auf kommende Ereignisse vorzubereiten. Einmal träumte ich, ich wäre mit den Kindern im Auto. Plötzlich wurden sie mir, bevor ich irgendetwas tun konnte, weggenommen. Nur meine zwei Töchter waren noch da. Ich nahm sie fest bei der Hand und ging auf einem sehr schmalen Weg – um uns herum tiefe Dunkelheit. Vom Himmel schwebte ein Herz herab. Als es näher kam, erkannte ich, dass es aus Engeln bestand. Ganz oben waren zwei Säulen mit den Zehn Geboten. Das Herz bedeutete Liebe. „Wenn ihr mich liebt, dann haltet meine Gebote", das war die Aussage. Ich ging auf dem schmalen Pfad weiter, ganz vorsichtig, damit keiner von uns den Halt verlor und abrutschte. – Dieser Traum beunruhigte mich sehr.

Dann kam der 26. November 1989. Nach dem Aufstehen sagte Mohamed, er werde mit den Kindern einen Ausflug zum Strand unternehmen. Es kam zwar etwas überraschend, aber ich hatte nichts dagegen. Alle waren schon startbereit, da schickte er sie los, ihre Jacken zu holen.

Ich verstand nicht, was sie bei dieser Hitze mit den Jacken sollten. Ich flüsterte Adam zu, dass mir das irgendwie seltsam vorkam, aber er schaute mich an und sagte: „Keine Angst, Mama, alles okay." Ich schaute dem Wagen nach, bis er verschwand. Ich hatte das dumpfe Gefühl, dass etwas nicht stimmte.

Etwa um neun Uhr abends klopfte es an der Tür. Draußen standen mit ernster Miene Sammy und Mona. Als wir uns gesetzt hatten, teilten sie mir mit, dass die Jungen zusammen mit ihrem Vater auf dem Weg nach Medina zu einem islamischen Internat waren. Trotz meiner dunklen Vorahnung traf mich die Nachricht wie ein Schlag. Schluchzend fragte ich nach meinen Töchtern. Ihnen ging es gut, sie waren bei Sammy und Mona zu Hause. Als wir losfuhren, um die Mädchen abzuholen, drückte Sammy mir einen Umschlag von Mohamed in die Hand. Er enthielt eine kurze Nachricht: „Tut mir Leid, aber ich konnte es dir nicht vorher sagen, sonst hättest du eine fürchterliche Szene gemacht. In zehn Tagen bin ich zurück. Hier sind 300 Riyal für Essen."

Ich war fassungslos. Konnte das wirklich wahr sein? Ich hatte nicht einmal Abschied nehmen können. Wie konnte Mohamed mir so etwas antun?

Zu Hause ging ich noch einmal in das Zimmer der Jungen. Da waren ihre Betten, da ihre Kleidung ... Alles war so still und leer. Sie hatten nichts zum Anziehen mitgenommen, sogar die Zahnbürsten waren noch da. Nur sie selber waren weg – weit weg.

Seit diesem Tag bat ich Gott inbrünstig um den Schutz meiner Söhne. Ich betete, Mohamed möge zur Besinnung kommen und die Jungen wohlbehalten wieder nach Hause bringen. Zehn Tage quälenden Wartens verstrichen. Meine Geduld wurde auf eine harte Probe gestellt. Am letzten Tag dachte ich, jeden Moment müsste es klingeln und Mohamed würde mit den Jungen vor der Tür stehen. Doch auch dieser Tag verging wie die anderen neun vorher – ohne Nachricht von Mohamed.

Am nächsten Morgen stand ich früh auf, zog die Mädchen an und lief zu Mohameds Arbeitsstelle. Wenn Männer vorbeikamen, bedeckte ich mein Gesicht. Dass eine Frau sich mit ihren Töchtern dort in der Eingangshalle aufhielt, war ein unerhörtes Verhalten. Abschätzige, angewiderte Blicke trafen mich, aber das war mir in diesem Moment egal. Ich wollte um jeden Preis herausfinden, wo meine Söhne waren. Zuletzt lief mir einer von Mohameds Freunden über den Weg. Aufgeregt hielt ich ihn zurück. „Wo sind meine Jungen? Wann kommt mein Mann zurück? Er wollte schon gestern da sein!" Aber der Freund wusste nichts. Frustriert kehrte ich nach Hause zurück.

Zwei Wochen vergingen, dann vier, dann sechs – kein Lebenszeichen von meinen Söhnen, kein Wort von Mohamed. Drei- bis viermal die Woche ging ich zu seinem Büro, immer in der Hoffnung, einen Hinweis zu erhalten. Die Reaktionen der Männer waren mir inzwischen völlig gleichgültig. Ich wollte nur eins: wissen, wo meine Söhne waren.

Das Geld von meinem Mann hatte nur für zwei Wochen gereicht. Ich hatte keine Lebensmittel mehr im Haus und wenn nicht irgendetwas passierte, müssten wir verhungern. Mittlerweile war es Winter geworden und die Wohnung bitterkalt.

Ich wurde immer verzweifelter. Da ich kein arabisch konnte, bat ich Gott, mir zu zeigen, wie ich etwas zu essen beschaffen könnte. Es schien mir sinnlos, länger untätig auf Mohamed zu warten, schließlich trug ich die Verantwortung für meine Töchter. Mir fiel der Text aus Psalm 37,25 ein: „Ich habe ein langes Leben hinter mir, nie sah ich einen, der Gott die Treue hielt, von ihm verlassen und nie seine Kinder auf der Suche nach Brot." Das machte mir Mut. Gott würde uns nicht hungern lassen.

Ich nahm meine Behälter für Reis, Öl und andere Lebensmittel und ging bei den Nachbarn von Tür zu Tür. Als ich die leeren Behälter vorzeigte, verstanden sie sofort und füllten sie mir auf. Eine Nachbarin war so großzügig, dass sie uns mehrmals eine warme Mahlzeit kochte und uns auf einer Platte warmes Essen sowie Obst und Gemüse zukommen ließ. Dieselbe Nachbarin half mir auch, einige Briefe an meine Familie zu senden.

So wie Gott die Raben zu Elia geschickt hatte, so schickte er die verschiedensten Menschen, um uns zu versorgen. Bald hatten wir wieder genug, um uns satt zu essen.

Nach zwei Monaten der Angst, Hilflosigkeit und schlafloser Nächte war ich innerlich so weit, dass ich Mohamed hätte umbringen können. Ich stellte mir sogar vor, ihm ein Messer ins Herz zu rammen und befriedigt zuzusehen, wie er stirbt ... Gott musste etwas für mich tun.

In dieser Zeit des Wartens merkte ich, wie viel ich noch zu lernen hatte. Ich begriff, dass ich nicht Hass oder Wut, sondern Liebe im Herzen brauchte. Und zwar ‚Agape‘, die göttliche Liebe, um den zerstörerischen Gefühlen in mir nicht nachzugeben. Ich hatte immer gedacht, ich sei eine gute Christin und für alle Menschen da. Jetzt wurde ich mit meinem wahren Ich konfrontiert. Ich war bereit, ein Geschöpf Gottes zu töten! Als Gott mir das bewusst werden ließ, war ich tief beschämt. Es ging hier nicht um das, was Mohamed tat, es ging um mich – *ich* brauchte Vergebung meiner Schuld und Erlösung.

Viele negative Charakterzüge in meinem Leben waren bisher von meiner Selbstgerechtigkeit verdeckt worden. Jetzt hatten die Umstände sie ans Licht gebracht und ich war bestürzt darüber. Es war eine demütigende Erfahrung. Ich erkannte, dass ich nicht besser war als Mohamed. Während dieser Wartezeit prüfte Gott meine Geduld und zeigte mir, dass Liebe die einzige Kraft ist, die Sünde zu überwinden, durch Gottes Liebe zu uns und unsere Liebe zu ihm und untereinander.

Es war ein harter, zäher Kampf mit mir selbst, aber ich rang mich durch, denn ich wollte lieben. Viele Stunden verbrachte ich auf den Knien und bat um Kraft für die Zukunft. Ich wollte Mohamed bei seiner Rückkehr in einer guten Weise begegnen.

Die Mädchen und ich entschlossen uns, Zainup einen Besuch abzustatten. Bald war es zur Gewohnheit geworden, sie wenigstens ein- bis zweimal in der Woche zu treffen. Die Mädchen spielten gerne mit ihren Kindern. Zainup und ich kochten etwas Gutes für alle. Wir redeten über das Leben in Amerika und was wir davon vermissten. Sie erzählte mir viel von ihrer Familie und wie ihr syrischer Mann und sie sich kennen gelernt und geheiratet hatten.

Oft verbanden wir den nötigen Einkauf mit einem kleinen Spaziergang. Zainup war sehr einfühlsam, sie konnte sich gut in mich und meine Nöte hineinversetzen. Als wir uns allmählich näher kamen, erzählte sie mir, dass ihr Mann sie körperlich misshandelte. Nichts konnte sie ihm recht machen und ständig drohte er damit, sich eine zweite Frau zu nehmen. Ich konnte ihr von meinen Erfahrungen mit Gott berichten und das Evangelium erklären. Vor allem sagte ich ihr, dass Jesus sie liebte und über ihr wachte. Zwischen uns entstand eine tiefe Freundschaft.

Dann kam das Weihnachtsfest, meine Töchter und ich fühlten uns sehr einsam. Es wollte keine rechte Atmosphäre aufkommen. Wir saßen zu Hause in einem unbeheizten Zimmer und kuschelten uns unter Decken zusammen. Wir dachten an unsere Familie in England und die fröhlichen Weihnachtstage früher.

Eine Woche danach war Neujahr, aber auch das konnte uns nicht aufheitern. Wir wussten nichts von den Jungen – wo sie wohl waren, wie es ihnen ging? Die Mädchen vermissten ihre Brüder sehr. Für ihr Alter zeigten sie eine erstaunliche Reife. Sie versuchten einfach, das Beste aus der Situation zu machen. Sie dachten sich drei Freunde aus und nannten sie Shannon, Hackis und Lena. Dann spielten sie mit ihnen, als wären sie da, verkleideten sich und fanden immer einen Grund zum Lachen. Manchmal saßen sie auch nur still da und nuckelten am Daumen. Man sah ihnen an, dass sie Brüder und Vater vermissten. Manchmal kamen sie mit einem tiefen Seufzer an und legten ihren Kopf in meinen Schoß. Dann musste ich sie kitzeln. Sie wollten einfach lachen.

Mir selber war alles andere als zum Lachen zumute. Oft wandte ich mich ab, um meinen Töchtern den Anblick einer weinenden Mutter zu ersparen. Ich wollte die Situation nicht noch verschlimmern. Wenn wir nachts zusammen im Bett lagen, nahmen die Mädchen mich in die Mitte und wollten Geschichten hören, eine und noch eine und noch eine. Also erzählte ich oder las etwas vor. Es war nicht einfach für mich, ich hing meinem eigenen Kummer nach, aber ihnen zuliebe tat ich es doch.

13

Belastungsprobe

Am 11. Januar 1990 kam Mohamed zurück – nach fast sieben Wochen! Ich empfing ihn mit offenen Armen und einem Kuss auf die Wange. Mein Herz war voller Liebe – nicht meiner, sondern Gottes Liebe für ihn. Als er hereinkam, spähte ich nach draußen, ob sich nicht vielleicht die Jungen hinter der Tür versteckten, um mich zu überraschen. Doch das Treppenhaus war leer. Unsagbare Traurigkeit überkam mich.

Die Mädchen wollten Mohamed gar nicht mehr loslassen, so glücklich waren sie, dass ihr Papa wieder da war. Ich bereitete etwas zu essen vor und fragte nach den Jungen. Er antwortete, dass es ihnen wirklich gut gehe. Sie hätten sich eingelebt und würden sich wohlfühlen. Ich glaubte ihm kein Wort. Wie sollten sie sich wohlfühlen, wenn ihr Zuhause, ihre Familie weit weg waren?

Mohamed übernachtete im Zimmer der Jungen, wo es sehr kalt war. Sammy hatte uns zwei tragbare Heizlüfter geliehen, aber die Mädchen und ich heizten nur den einen Raum unserer Wohnung, den wir auch nutzten. Es tat mir Leid, dass er in der Kälte schlafen sollte. Als wir uns bettfertig machten, nahm ich einen Heizlüfter und stellte ihn neben Mohameds Lager auf, so dass es angenehm warm wurde. Dann legte ich mich mit den Mädchen schlafen.

Am nächsten Tag teilte mein Mann mir mit, dass er demnächst nach Riad fahren würde, er hätte dort ein

Stellenangebot. Vier Tage später verließ er uns bereits wieder. Er versprach, alle ein bis zwei Wochen zu Besuch zu kommen. Es war nicht schwer zu merken, dass er uns in Riad nicht dabei haben wollte. Er hatte die Möglichkeit mitzukommen auch gar nicht angesprochen. Wieder war ich ganz allein – wieder fiel es mir schwer. Doch mir blieb keine andere Wahl, als seine Entscheidung zu akzeptieren.

Immer wenn es aufs Wochenende zuging, was auf den Donnerstag und Freitag fällt, wuchs meine Hoffnung, Mohamed würde kommen. Ich weiß nicht, wie oft ich den Tag über ans Fenster ging, um nach seinem Wagen Ausschau zu halten. Von Riad waren es rund drei Stunden Fahrt. Doch jedes Mal war es das Gleiche: Mohamed kam nicht. Aus meiner unruhigen Erwartung wurde Verzweiflung.

Ich sehnte mich nach einem erwachsenen Gesprächspartner. Es war wirklich schön mit meinen Mädchen, aber ich brauchte Austausch auf einer anderen Ebene. Ich konnte nicht nur von Kinderspielen leben, ich musste endlich mal wieder mit einem Erwachsenen reden, selbst wenn es jemand so herzloses wie Mohamed war. Wenn am Wochenende die Dämmerung hereinbrach, wurde es auch in meiner Seele dunkel. Ich konnte mich kaum auf irgendetwas konzentrieren, ich wartete nur noch auf das Geräusch von Mohameds Schlüssel in der Tür. Er sagte nie vorher Bescheid, wenn er kam. Jedes Wochenende war ich neu der Spannung ausgesetzt: vielleicht kommt er dieses Mal? – Oft blieb nur die Enttäuschung.

Wochenlang besuchte uns Mohamed nicht. Die Einsamkeit erdrückte mich, ich bekam Alpträume. In Gedanken hörte ich meine Söhne nach mir rufen. Manchmal wachte ich mitten in der Nacht schweißgebadet auf und flehte Gott an, meine Jungen zu bewahren. Diese inneren Qualen machten mich fast verrückt. Ich bat Gott, mir zu helfen, nicht den Verstand zu verlieren. Gott hatte mir inneren Frieden versprochen, und genau daran hielt ich mich fest.

Eines Nachts zeigte Gott mir in einem Traum, dass ich mehr Zeit zum Beten bräuchte. Also beschloss ich, früh morgens eine Gebetszeit einzurichten und bat Gott, mich aufzuwecken – wir besaßen nämlich keinen Wecker. Ich war erstaunt, wie erfinderisch Gott dabei war. Einmal war es Kopfweh, das mich weckte – und just verschwand, als ich anfing zu beten. Ein anderes Mal wachte ich mit Zahnschmerzen auf, die sich genauso in Wohlgefallen auflösten, als ich meine Gebetszeit begann. An einem Morgen kam meine Tochter herein, weckte mich, ging wieder zurück in ihr Bett und schlief weiter. Ein anderes Mal hörte ich meine Mutter nach mir rufen, sprang aus dem Bett und siehe da: Es war Zeit zum Beten.

Diese Erlebnisse zeigten mir, dass Gott sich ganz besonders um mich kümmerte. Jeden Morgen gab es einen anderen Anlass, durch den Gott mich weckte, solange, bis meine innere Uhr gestellt war und ich selber zum richtigen Zeitpunkt wach wurde.

Ich merkte ganz deutlich, dass um mich gekämpft wurde: die Mächte des Lichts gegen die Mächte der Finsternis, das Gute gegen das Böse – Christus gegen Satan. Durch das regelmäßige Bibelstudium vertiefte sich meine Beziehung zu Gott und ich betete darum, ihm noch näher zu kommen.

Nach meinen persönlichen Erlebnissen habe ich nicht den leisesten Zweifel: „Denn wir kämpfen nicht gegen Menschen. Wir kämpfen gegen unsichtbare Mächte und Gewalten, gegen die bösen Geister zwischen Himmel und Erde, die jetzt diese dunkle Welt beherrschen." (Epheser 6,12) Ich kann persönlich bezeugen, dass Satan keine Figur aus Mythos oder Märchen ist. Er ist real, genauso wie Gott real ist.

Es gab Nächte, in denen ich aufwachte und spürte, dass ich nicht allein war. Der ganze Raum war voller Dämonen und ich hatte unbeschreibliche Angst. Mein Bett zitterte und schaukelte und hob langsam vom Boden ab. Manchmal hatte ich das Gefühl, eine Zentnerlast würde meinen Brustkorb zusammendrücken und alles Leben aus mir herauspressen. Während ich panisch nach Luft rang, schickte ich einen stummen Schrei zum Himmel: ‚Rette mich, Jesus, rette mich!'

Die Angst war schrecklich. Ich flehte zu Gott: „Lass ihn nicht siegen! Lass nicht zu, dass Satan mein Leben beendet!" Nach einer Weile ging es mir besser. Ich hörte die friedvolle, sanfte Stimme meines Erlösers, die mich beruhigte und mir zusicherte, dass mein Leben ganz in seiner Hand ist. Er sprach klar und deutlich. Jedes Mal war seine Stimme eine unsagbare Wohltat für meine geschundene Seele, ich spürte neue Energie und atmete tief durch.

Wo immer Zeugen für Gott aufstehen, wird Satan versuchen, sie zum Schweigen zu bringen. Er ist ein wütender Feind. In der Offenbarung schreibt Johannes, dass der Teufel versucht, die Menschen, die Gottes Gebote befolgen und sich von Gott führen lassen, zu bekämpfen und dass er sie am liebsten vernichten möchte.

Es gab auch Zeiten von Depression. Manchmal wünschte ich mir eher den Tod, als so weiterleben zu müssen. Viele Tage brachten nichts als Schmerz und Leiden. Ich wollte nur noch sterben. Es gab lange Zeiten, in denen ich mich zu nichts mehr aufraffen konnte und nur noch aus dem Fenster starrte. Selbstmord schien die bessere Wahl, wenn das Leben auch nicht mehr war als Sterben auf Raten. Nicht nur einmal kam mir der Gedanke, die Mädchen aus dem Fenster zu werfen und hinterherzuspringen, um diesem erbärmlichen Leben ein Ende zu setzen. Doch Gott war treu und sandte seinen Heiligen Geist und starke Engel, um mich wieder aufzurichten und mich vor mir selber zu bewahren.

Seelisch, körperlich und geistig war ich am Nullpunkt angelangt. Ich wog gerade noch 40 Kilogramm und das Haar fiel mir büschelweise aus. Ich war geschwächt vom vielen Weinen, Sorgen, Fasten und Beten rund um die Uhr. Dazu trauerte und sorgte ich mich um meine Söhne, von denen ich seit Monaten nichts mehr gehört hatte. Oft stand ich mitten in der Nacht auf und betete für sie, weil Gott es mir gerade eingegeben hatte. Ich spürte, dass etwas nicht in Ordnung war, und ich flehte zu Gott, er möge sich ihrer barmherzig annehmen. Eher möge Gott sie sterben lassen und zu sich nehmen, als sie leiden zu lassen. – Warum mussten wir das alles ertragen, warum nur?

Meine Gedanken wanderten zurück in die Zeit, als ich ohne Gott gelebt hatte. Ich hatte seine Hand losgelassen und meinen eigenen Weg eingeschlagen, ohne über seine Gebote nachzudenken. War das jetzt die Strafe für meine Vergangenheit? Nein, das ist nicht Gottes Art, mit uns Menschen umzugehen. Er ist die Liebe! Gott macht uns „... ein unverdientes Geschenk: ... ein Leben, das keinen Tod mehr kennt." (Römer 6,23) Gott möchte uns alle Sünden und Fehler vergeben. Er sehnt sich nach dauerhafter Gemeinschaft mit uns, deshalb will er uns das ewige Leben schenken.

Schlagartig wurde mir klar, wie dankbar ich für die Fürbitte-Gebete meiner Mutter sein konnte. Sie ist eine ganz besondere Frau, mit starkem Glauben, deren Gebete für mich nie verstummt sind. Ich bin überzeugt, dass es auch ihrer Fürbitte zu verdanken war, dass ich vor tödlichen Gefahren bewahrt blieb.

Zum ersten Mal wurde mir bewusst, dass meine Kinder gar nicht mir selbst gehörten. Ich bat Gott um Vergebung dafür, dass ich ihren Tod gewollt hatte. Der Heilige Geist hatte mir deutlich gemacht, dass mein Motiv im Grunde egoistisch gewesen war. Ich hatte Gott zu wenig zugetraut und versucht, meine eigene Last zu erleichtern. Trotz allem wusste ich, dass Gott alles verstand, was in meinem Herzen vorging. Ich bat um Entschuldigung für die falschen Gedanken und fand Vergebung.

14

Bekehrungsversuche

An einem der wenigen Wochenenden, an denen Mohamed uns besuchte, kam er in Begleitung eines Imams,
der mich zum Islam bekehren sollte. Imame sind im
Islam hochangesehene, heilige Männer und die Leiter
der Moscheen. Sie kennen den Koran und alle Gebete
auswendig. Man erkennt sie sofort an ihren langen
Bärten.

Zu meiner Überraschung hatte der Mann drei verschiedene Bibelübersetzungen dabei. Ich fragte ihn, wie
er es geschafft habe, so viele Bibeln in ein Land zu
bringen, in dem das Christentum verboten war. Er
lachte: „Ich bin ein muslimischer Imam. Mit der Bibel
widerlege ich die christliche Lehre." Dann zeigte er mir,
was seiner Meinung nach in der Heiligen Schrift wider-
sprüchlich war.

Während er sprach, bat ich Gott um die richtigen
Worte. Schließlich lehnte sich der Imam stolz und sichtlich zufrieden mit seiner Darbietung zurück und wartete auf meine Reaktion. Ich sah ihn an und hörte mir
selber zu, wie ich ihm alles erzählte, was Jesus Christus
für mich getan hatte, und dass ich sicher war, dass er
auch in diesem Moment für mich da war. Was ich sagte, war teilweise sogar für mich neu. Ich war überzeugt,
dass der Heilige Geist mir die richtigen Gedanken und
Worte eingab.

Während ich sprach, konnte ich beobachten, wie
der Imam immer ungeduldiger wurde und gleichzeitig
seine Freundlichkeit abnahm. Er entschloss sich zu

einer anderen Vorgehensweise und fragte unverblümt: „Willst du deine Kinder zurück?"

„Natürlich will ich das", war die sofortige Antwort. „Warum habt ihr Männer sie mir überhaupt erst weggenommen? Wenn eure Religion die wahre ist, warum sollte ich dann eine Gefahr sein? Ich bin nur eine schwache Frau und keine Konkurrenz zu euch Männern." Ich bat den Imam inständig, mir meine Söhne zurückzugeben. Er versprach es unter der Voraussetzung, dass ich die „Shahadah" sprechen würde, das Glaubensbekenntnis: „Es gibt keinen Gott außer Allah und Mohamed ist sein Prophet." Durch diese Worte wird man Mitglied des Islam.

Ich war nahe daran, auf seine Bedingung einzugehen. Tausend Gedanken jagten mir durch den Kopf. Als Muslime würde ich meine Söhne zurückbekommen, momentan schien nur das Bedeutung zu haben. Ich fing an, mit Gott zu diskutieren und Rechtfertigungen zu suchen. Ich könnte mich einfach wie eine muslimische Frau verhalten. Wie das auszusehen hatte, wusste ich genau. Auch wenn ich dafür ein paar Kompromisse eingehen müsste, aber ich wollte meine Söhne zurück.

Äußerlich könnte ich mich doch islamisch geben, während ich innerlich immer zu Gott gehörte. Und war es nicht das Herz, das vor Gott zählte? Ich würde die Liebe meines Mannes zurückgewinnen. Meine Kinder wären wieder da. Wir wären wieder eine Familie. Es schien der einzig mögliche Weg, endlich wieder Frieden zu finden. – Sollte ich es tun?

Es kamen noch andere Imame zu Besuch. Jeder versuchte beharrlich, mich vom Islam zu überzeugen. Sie ließen mir Kassetten und Bücher da. Ich studierte alles mit dem Wunsch, die Wahrheit herauszufinden – aber nichts konnte mich so ansprechen wie die Bibel. Gottes

Wort hatte sich mir eingebrannt – ich hätte es niemals auslöschen können, selbst wenn ich es gewollt hätte.

Immer wieder benutzten die Männer meine Söhne als „Motivationshilfe". Sie sagten: „Du brauchst nur zu Allah zu beten, dann wirst du deine Söhne zurückbekommen ... Liebst du sie denn nicht? ... Also nimm den Islam an."

Diese Tortur musste ein Ende haben. Unter Gebet war ich alle Möglichkeiten durchgegangen und meine Entscheidung stand fest. Im Geist sah ich Jesus vor mir, wie er nach seiner Taufe in der Wüste versucht wurde, nachdem er sich unter Fasten und Gebet auf seine Aufgabe in dieser Welt vorbereitet hatte. Als sein Körper durch das lange Fasten am schwächsten war, schlug Satan zu. Und trotzdem gab er der Versuchung nicht nach. Was Christus auf dem Höhepunkt dieses erbitterten Kampfes sagte, konnte ich schließlich zu meinen eigenen Worten machen: „Weg mit dir, Satan!"

Ich sagte Mohamed und den Imamen, dass sie meine Söhne behalten könnten, denn auf ihr Wort wäre sowieso kein Verlass, selbst wenn ich mich zum Islam bekehrte. Durch meinen Glauben an Jesus dagegen und das Vertrauen auf seine Verheißungen würde ich meine Kinder wieder sehen, wenn nicht auf dieser Erde, dann im Himmel.

Die Männer sahen mich an, als wäre ich verrückt. Sie warfen mir vor, ich würde meine Kinder nicht lieben. Ich hielt dagegen, dass es gerade meine Liebe zu ihnen war, durch die ich dieses Opfer bringen konnte. Mohamed war das Ganze ausgesprochen peinlich. Er drohte, mich abschieben zu lassen, doch nachdem ich einmal meinen Standpunkt bezogen hatte, fühlte ich mich körperlich, seelisch und geistlich stark wie schon seit langem nicht mehr. Die Imame waren enttäuscht und überrascht von meiner Dickköpfigkeit, aber das konnte mich nicht erschüttern. Ich war bereit, mein Los zu tragen, wie immer es aussehen sollte. – Sie gingen ohne ein weiteres Wort.

Erst jetzt merkte ich, dass die Auseinandersetzung mit den Imamen doch sehr viel Kraft gekostet hatte. Aber ich war tief beeindruckt, wie der Geist Gottes mich gebraucht hatte. In den nächsten Tagen vermisste ich meine Söhne wieder. Ich betete für sie und dachte an die schönen, gemeinsamen Stunden zurück. Ich bat den Heiligen Geist, sie an jene spezielle Andacht über Joseph zu erinnern, den Gott nicht vergessen hatte, auch wenn es für ihn zeitweise so ausgesehen haben mochte. Meine Söhne sollten nicht schwach werden, sondern auf Gott vertrauen, dass er sie eines Tages befreien würde.

Eines Abends fiel ich auf mein Bett und begann wild zu schluchzen. Die seelische und körperliche Belastung war einfach zu viel. Ich fühlte mich wie von einer riesigen dunklen Wolke umgeben, und sah keinen Ausweg mehr. „Trag mich, Herr, bitte trag mich!" flehte ich. Erneut fragte ich Gott, warum ich so viel leiden müsste und ob er nicht der Meinung wäre, dass es inzwischen mehr als genug wäre. „Gott, warum mutest du mir das zu?" Ich war verzweifelt, aber auch ärgerlich auf ihn und das sollte er wissen. „Du kannst mich nicht trösten", rief ich. „Meine Kinder sind weg. Hast du nicht gesagt, ‚die kleinen Kinder sollen zu mir kommen'? Wo sind denn meine, die ich dir anvertraut habe? Weißt du überhaupt, was ich durchmache, Gott? Du kannst mich auch nicht trösten! Es hat alles keinen Sinn. Warum lässt du mich nicht einfach sterben?"

Jede Faser meines Körpers schien zu schmerzen, als ich von Weinkrämpfen geschüttelt dalag. Bald war nur noch ab und zu ein Schluchzen zu hören. Vor mir entrollte sich die Szene von Golgatha. Ich sah Christus am

Kreuz und dachte daran, wie viel mehr er zu ertragen hatte. Er trug die Schuld der ganzen Welt. Auf ihm lasteten nicht nur meine Sünden, sondern die von jedem einzelnen Menschen, der jemals gelebt hatte, lebte und noch leben wird. Vor meinem inneren Auge blitzte die Herrlichkeit Gottes auf. Ich hob den Kopf, griff nach meiner Bibel und drückte sie fest an mich. Tränen füllten meine Augen, als ich sie öffnete, um darin nach Trost und Hilfe zu suchen. Ich schlug Jeremia auf, genau das Buch, das ich in meinen persönlichen Andachten gelesen hatte.

Ich las das 31. Kapitel durch, aber nichts sprach mich an. Ich bat Gott, zu mir zu reden. Ich musste unbedingt seine Stimme hören. Mein Blick fiel auf die Verse 15 bis 17, und ich erkannte einmal mehr genau die Worte, die ich jetzt brauchte. „In Rama hört man Klagerufe und bitteres Weinen: Rahel weint um ihre Kinder und will sich nicht trösten lassen; man hat sie ihr alle weggenommen. Doch der Herr sagt zu ihr: ‚Hör auf zu klagen, lass das Weinen; du sollst deine Kinder nicht umsonst großgezogen haben: sie kehren aus dem Land der Feinde zurück! Es gibt Hoffnung für sie! Deine Kinder kehren in die Heimat zurück! Ich, der Herr, sage es!'"

Im nächsten Moment war alles anders. *Hoffnung!* Eine Welle neuer Kraft und Energie durchflutete meinen erschöpften Körper. Das Leben hatte mich wieder! Ich war Gott so dankbar und schämte mich unendlich für meine bitteren Vorwürfe. Denn ich hatte wirklich allen Grund, ihm zu vertrauen. Wie oft hatte er mich durch Zeiten der Einsamkeit und Depression hindurchgetragen! Wenn ich gerufen hatte, war er immer da gewesen.

Von nun an war alles anders. Sollte der Alltag kommen, ich war gewappnet. Ich wusste nicht wann, ich wusste nicht wie, aber ich würde meine Kinder wieder sehen. Allein die Vorfreude darauf war schon ein Geschenk. Alles andere legte ich getrost in Gottes Hand.

Gott gab mir die Kraft, meine alltäglichen Aufgaben zu erfüllen. Die Mädchen brauchten eine gute Mutter und vielleicht würde auch Mohamed durch mein Verhalten irgendwann zum Nachdenken kommen.

Trotz allem wollte ich nur noch raus aus diesem Land. Aber was sollte ich machen ohne Geld? Jeden Tag schaute ich aus dem Fenster und flehte Gott an, Rettung zu schicken. Am besten gleich eine ganze Armee, denn anders konnte ich mir nicht vorstellen, wie meine Kinder und ich aus diesem Gefängnis entkommen sollten. Dass Gott die Macht dazu besaß, daran hatte ich keinen Zweifel. Für seine Kinder würde er alles tun, sie sind sein Ein und Alles. Mohamed hatte keine Ahnung, wem er durch seinen Umgang mit den Kindern und mir die Stirn bot. Im Grunde tat er mir Leid. Es war nur eine Frage der Zeit, wann Gott eingreifen würde.

Mohamed blieb hartnäckig – er wollte mich unbedingt zum Islam bekehren. Immer wieder klopfte irgendein Imam an die Tür und jedes Mal war es eine wunderbare Gelegenheit, über Jesus zu reden und ein persönliches Zeugnis zu geben. Diese Männer kamen gut vorbereitet und mit genau zurechtgelegten Argumenten. Manche kannten die Bibel fast besser als ich und setzten ihr ganzes Wissen ein, um meinen Glauben zu demontieren. Doch Gott war auf meiner Seite, er lenkte meine Gedanken und sprach durch mich. Sie konnten bohren, solange sie wollten, ich war um keine Antwort verlegen. Die Worte kamen fast wie von selbst. Ich war wirklich nur das Werkzeug, der eigentliche Diskussionspartner war der Heilige Geist.

Nicht selten reagierten die Imame mit offener Feindseligkeit. Man darf nicht vergessen, dass ich in ihren Augen ja nur „eine Frau" war. Es war für sie peinlich und sehr ärgerlich, dass ihre scheinbare Überlegenheit nicht zum gewünschten Erfolg führte. Das letzte Argument war immer: „Du liebst deinen Mann nicht, du liebst deine Kinder nicht." So versuchten sie, ihr Gesicht zu wahren.

15

Entdeckungen

Mohamed war auf Wochenendbesuch. Ich wusste, dass ich ihn anwiderte, trotzdem wünschte ich mir, er würde bleiben. Ich brauchte einfach ein Gegenüber, jemanden zum Reden, jemanden, der meine Sprache konnte! Die Mädchen waren noch zu klein. Aber an einen Umzug nach Riad brauchte ich gar nicht erst zu denken. Mohamed meinte, das ginge jetzt nicht und womöglich ginge es überhaupt nie, weil ich keine Muslime war.

Mohamed war mit den Mädchen zum Gebet in die Moschee gegangen, und ich war allein zu Hause. Auf dem Wohnzimmerboden stand seine Aktentasche. Eine eigenartige Neugier überkam mich, als ich sie in die Hand nahm. Zuerst zögerte ich, aber der innere Drang war zu stark. Ich öffnete sie und schaute den Inhalt durch. Unglaublich, was ich da entdeckte: Briefe an meine Familie, die ich Mohamed zum Einwerfen gegeben hatte, und Briefe von meiner Familie, die ich nie zu Gesicht bekommen hatte. „O Gott", schrie ich auf, „wie kann dieser Mann nur so grausam zu mir sein? Das ist doch keine Ehe! So kann es nicht mehr weitergehen." Es gab nichts mehr, was mich noch bei Mohamed hielt, aber ich sah keinen Ausweg. „Gott, bitte befrei mich aus dieser Ehe!", bat ich. „Wenn es irgendetwas gibt, das Mohamed vor mir verbirgt, dann zeig es mir."

Ich zog einen Brief hervor. Auf dem Umschlag klebte eine indische Marke. ‚Seltsam', dachte ich, ‚wen kennt er denn in Indien?' Der Inhalt sah eigenartig aus; eigentlich waren es zwei Briefe, einer in Urdu (einem indischen Dialekt), und einer in Englisch. Die Handschrift in dem englischen Brief kam mir bekannt vor, besser gesagt, die Handschriften, denn ich entdeckte drei verschiedene. In diesem Moment fiel der Groschen bei mir: das waren meine drei Söhne! Jeder von ihnen hatte ein paar Zeilen geschrieben. Sie fragten, ob sie ihr Spielzeug haben könnten, und sie wünschten sich, dass Papa und ich uns wieder vertragen, damit sie zurück nach Hause kommen könnten. „Bitte vergesst uns nicht!"

Es brach mir das Herz. Ich weinte hemmungslos. Irgendwie schaffte ich es, den Absender auf ein Stück Papier zu kritzeln, obwohl ich vor Tränen kaum etwas erkennen konnte. Ich war total durcheinander. Warum Indien? Mohamed hatte doch von Medina gesprochen! Er hatte mich, ohne mit der Wimper zu zucken, angelogen. Mohamed hatte mir nie viel von seinen Plänen erzählt und selbst wenn, es hätte wahrscheinlich auch nichts geändert. Trotzdem war es bitter für mich, dass sogar das Wenige, was er mir gesagt hatte, gelogen war.

Was würde ich noch alles entdecken? Atemlos wühlte ich weiter und zog einen anderen Umschlag heraus. Darin war eine Karte, auf der stand: „Du fehlst mir". Mein Herz fing wild an zu pochen. „Du fehlst mir", flüsterte ich ungläubig. Die Karte musste von einer Frau kommen, die Mohamed in Indien kennen gelernt hatte. Der Inhalt ließ unschwer erkennen, dass es zu einer ausgewachsenen Affäre gekommen war. Ich schrieb mir die Adresse auf, dann stellte ich die Tasche zurück.

Als ich aufstand, konnte ich mich kaum auf den Beinen halten. Wie nach einem Marathonlauf fühlte ich mich. Hilflos wanderte ich im Zimmer auf und ab. Ich versuchte, meine Gedanken zu ordnen. Was sollte ich tun? Vielleicht gute Miene zum bösen Spiel machen und Mohamed fragen, ob ich nach Hause fliegen könnte, um meine Aufenthaltsgenehmigung zu verlängern, die würde nämlich bald auslaufen. Das würde mir den nötigen Spielraum verschaffen, um irgendwie meine Söhne aus Indien zu holen. Aber die Mädchen! Die würden nicht mitkommen können, das würde Mohamed niemals erlauben. Dann hätte ich die Söhne zurück, aber meine Töchter verloren! Wie ich es auch drehte und wendete, ich fand keinen Ausweg.

Immer noch lief ich hin und her wie ein aufgescheuchtes Huhn. In meinem Kopf war nur Chaos – ganz zu schweigen von meinen Gefühlen. ‚Gott, was soll ich nur tun?'

Plötzlich hörte ich einen Schlüssel im Schloss – Mohamed! Ich sprang ins Schlafzimmer und versteckte schnell den Notizzettel mit den Adressen. Und jetzt? Was sollte ich ihm sagen? Ich ging zu ihm und entschied mich für die Wahrheit. Als er merkte, wie leidend ich aussah und wie tief getroffen ich sein musste, schluckte er seinen Ärger runter und erklärte, die Frau sei eine Bekannte aus Indien und mit den Jungen sei wirklich alles in bester Ordnung. Er schien direkt etwas Wärme zu zeigen. Dann fing er an, von Riad zu sprechen, und dass es doch besser sei, uns auch dorthin zu holen. Immerhin arbeitete und lebte Mohamed dort schon seit ein paar Monaten. – Einige Wochen später war es dann tatsächlich so weit, wir zogen um.

Riad war eine willkommene Abwechslung. Die Stadt war in gewissem Maße multikulturell und wirkte einfach weltoffener. Mohamed hatte hier Verwandtschaft, ein Ehepaar, das vor etwa zehn Jahren aus England zurückgekehrt war. Er war Arzt und sie Hausfrau, sehr nette Leute. Sie waren auch Moslems, aber eher locker im Umgang mit den islamischen Sitten und Gebräuchen. Sie hatten Freunde und Bekannte auf der ganzen Welt und dadurch einen ganz anderen Horizont.

Abends hatten sie häufig Gäste. Bei einer solchen Gelegenheit lernte ich Anna kennen, eine junge Frau aus England. Ihr Mann kam von Barbados, und sie hatten zwei Kinder. Sie waren nicht religiös, jedenfalls nicht aktiv, weder in Richtung Christentum noch in Richtung Islam, aber sie waren offen. Anna und ich verstanden uns auf Anhieb sehr gut und waren bald enge Freundinnen. Ich erzählte ihr alles, was ich in Saudi-Arabien erlebt hatte. Sie war erstaunt, wie konsequent ich meinen Glauben auslebte. Manchmal gingen wir mit den Kindern schwimmen oder kochten gemeinsam.

Mohamed ließ ein Telefon in unserer Wohnung installieren, allerdings konnte man keine Ferngespräche führen. Immerhin konnte ich so Anna erreichen. Es war für mich so schwer, gar nichts von meiner Familie zu wissen. Was hätte ich darum gegeben, ein paar Minuten mit meiner Mutter zu sprechen! Anna bot sich an, für mich in England anzurufen und alle Neuigkeiten über mich zu berichten. Sie gab ihnen außerdem meine Telefonnummer, so dass sie mich zu bestimmten Tageszeiten, wenn Mohamed außer Haus war, anrufen konnten.

Wie glücklich war ich, als der erste Anruf von ihnen kam, nach so langer Zwangspause! Es war einfach fantastisch, miteinander reden und sich gegenseitig alles erzählen zu können. Es war auch ein großer Trost und sehr ermutigend zu wissen, dass meine Familie im Gebet an mich und besonders auch meine Söhne dachte! Äußerlich getrennt, waren wir doch durch Fasten und Beten miteinander verbunden und baten Gott, er möge meine Söhne gesund und munter zurückbringen und uns alle befreien.

Riad war immer noch Saudi-Arabien, aber es ließ sich hier bedeutend besser aushalten, weil es internationaler war. Ich fühlte mich nicht so fremd hier – es gab Menschen, die meine Sprache beherrschten, und man bekam ausländische Lebensmittel, auch einige vertraute „Heimatprodukte". Der Islam wurde nicht so eng und streng ausgelebt wie in Damman.

Anna und ich redeten fast jeden Tag über Gott und ich erzählte ihr von meinen vielen Erlebnissen. Sie erkannte darin einen Gott, der gütig und mächtig war, und ihr Glaube wuchs. Anna tat meine Situation sehr Leid und sie wollte mir gerne helfen, von hier zu fliehen. Sie rief bei den Botschaften an, schilderte unser Anliegen und fragte nach, ob wir in irgendeiner Weise Unterstützung erhalten könnten, auch bei der Suche nach meinen Söhnen in Indien. Das Ergebnis war nicht sehr ermutigend. Ihnen waren praktisch die Hände gebunden, das letzte Wort hatten die Saudis.

Anna gab nicht auf. Sie telefonierte sogar in die USA und erhielt von einem Freund die Nummer einer christlichen Gruppe auf Zypern. Die Missionare dort waren sehr hilfsbereit. Sie schlugen vor, mich durch die Wüste nach Zypern einzuschleusen, und wollten dazu einen Fluchthelfer schicken. Offensichtlich organisierten sie das nicht zum ersten Mal. Sie fragten auch nach meinem genauen Aufenthaltsort. Alles hörte sich sehr aufregend an. Es schien eine echte Möglichkeit zu sein! Als ich es Gott vorlegte, beschlich mich dennoch das Gefühl, eine heimliche Flucht wäre nicht der richtige Weg. Vielleicht war die Zeit noch gar nicht reif? Und hätte Gott nicht andere Mittel, mich zu befreien?

Nein – ich hatte es nicht nötig, mich wie eine Verbrecherin davonzustehlen. Gott hatte mich doch mit einer Aufgabe nach Saudi-Arabien gesandt! Ich war ein kleiner Teil in seinem gewaltigen und weltumspannenden Plan. Ich sollte doch hier etwas von meinem Glauben und von Gott erzählen und an andere Menschen weitergeben. Satan hätte es sicher gefallen, mich bei Nacht und Nebel fliehen zu sehen, immer in der Angst, entdeckt zu werden. Aber ich hatte nichts zu verstecken. Mein Gott war der Herr und Schöpfer der Welt und ich war sicher, dass er sich beweisen würde – vor den Augen meines Mannes und allen, die mich gedemütigt und meiner Würde beraubt hatten.

Gott würde mir die Freiheit wiedergeben – zu seiner Zeit -, wenn meine Aufgabe beendet und meine Söhne wieder bei mir wären, nicht früher und nicht später. Ich hatte jene Nacht und die Worte des Propheten Jeremia nicht vergessen, die ich gelesen hatte, als wären sie in diesem Moment für mich niedergeschrieben. „Meine Gnade ist ausreichend", lautet Gottes Versprechen. Um diese Gnade betete ich täglich.

Ich erzählte Anna, dass ich zu der Überzeugung gelangt war, dass Flucht nicht der richtige Weg wäre. Gott hatte einen Plan für mich und wenn alles getan und erreicht war, dann würde er ganz bestimmt ein Wunder tun. Ich hätte niemals ohne meine Söhne gehen können. Ich wollte meine Kinder bei mir haben, alle fünf, und der Tag würde kommen, an dem wir Seite an Seite in ein Flugzeug steigen und in die Freiheit fliegen würden.

So wollte ich es erleben. Anna war selbst Mutter, sie verstand mich. Und sie bewunderte mein Vertrauen in Gott.

16

Wieder vereint

Seit gut sechs Monaten hatte ich meine Söhne nicht mehr gesehen. In Indien mussten bald die Sommerferien beginnen und ich fragte mich, wo sie in der Zeit unterkommen sollten, denn das Internat würde den Sommer über geschlossen sein. Ich hatte gehofft und gebetet, Mohamed würde sie nach Hause kommen lassen, aber er wollte nicht. Er meinte, er hätte Verwandte in Vilpur, dort könnten sie die Ferienzeit verbringen.

Ich war enttäuscht, aber nicht mutlos – Gott schenkte mir Kraft. Ich hielt mich an sein Versprechen und betete um seine Liebe in meinem Herzen, denn ich wollte ihn bezeugen, besonders in meiner Familie.

Eines Nachts sah ich im Traum eine junge Frau aus Indien vor mir, ihr Gesicht war nicht richtig zu erkennen. Sie rief nach Mohamed. Ich sah auch ein Passfoto von derselben Frau. Mohamed hatte mir gesagt, dass mit der Frau in Indien Schluss sei und sie nichts mehr miteinander zu tun hätten – und jetzt dieser Traum, das konnte nichts Gutes bedeuten. Ich hatte schon öfter Träume als Botschaft von Gott bekommen und jedes Mal waren sie eingetroffen. Innerlich aufgewühlt, bat ich Gott um Klarheit.

Einige Zeit danach stieß ich auf einen Beleg über ein Telefongespräch. Ich kramte die Nummer hervor, die ich mir aus Mohameds Aktentasche notiert hatte, und verglich sie mit der Quittung – die Nummern waren identisch. Ich hatte der Frau damals sogar einen Brief geschrieben und ihr klargemacht, dass sie es mit einem verheirateten Mann zu tun hatte. Doch jetzt hatte ich den Beweis. Mohamed stand noch immer in Kontakt mit ihr und das wahrscheinlich nicht aus Nächstenliebe.

Ich packte die Gelegenheit beim Schopf und fragte ihn, ob er noch Kontakt zu der Dame aus Indien hätte. Nein, diese Affäre wäre beendet, da sei nichts mehr. Ich präsentierte ihm den Gesprächsbeleg samt Datum und Telefonnummer. Eine Weile schwieg Mohamed. Dann gestand er mir, dass er dabei sei, ihr ein Visum für Saudi-Arabien zu beschaffen. Mir fiel das Passfoto ein, das ich im Traum gesehen hatte. Sie hatte ihn vermisst und erst locker gelassen, als er zusagte, sie herzuholen. Aber war das eine Entschuldigung dafür, mein Leben noch unerträglicher zu machen als es schon war? Wie hatte er überhaupt nur daran denken können, sie nach Saudi-Arabien zu holen? Mohamed machte sich nicht die Mühe weiterer Erklärungen, er lachte nur, als sei alles halb so schlimm.

Ich musste aber mit dem Schlimmsten rechnen. Mohamed spielte schon seit geraumer Zeit mit dem Gedanken, noch einmal zu heiraten. Die islamische Erziehung der Kinder war zu Hause Sache der Frau. Als Christin war ich dafür völlig untauglich, und die Leidtragenden waren seine Kinder – so sah es Mohamed. Was sollte nur werden? Die Zukunft sah düster für mich aus. Ich brachte meine Sorgen im Gebet vor Gott und bat ihn um Kraft und Mut. Was würde mich noch alles erwarten?

Erst später erfuhr ich, wie es meinen Söhnen in Indien wirklich ergangen war: Wochenlang waren sie mit ihrem Vater unterwegs gewesen auf der Suche nach einem geeigneten Internat. Schließlich kamen sie zu einer islamischen Schule, in der die Schüler fünfzehn

Jahre und älter waren. Mein Ältester war neun, die Zwillinge sogar erst acht, in ihrem Alter gab es sonst keine Schüler. Ein Cousin von Mohamed, der auch auf die Schule ging, sollte sich daher besonders um sie kümmern.

Die Jungen waren nicht glücklich dort, sie hatten Heimweh und fühlten sich unter den Großen fehl am Platz. Später zogen sie für eine Weile in das Dorf Vilpur und wohnten dort bei Verwandten. Sie halfen im Haushalt mit, fütterten die Kühe und spielten mit wilden Affen. Das Landleben in Indien war für sie ungewohnt, aber auch aufregend; sie lernten eine Menge Neues kennen.

Einige Erlebnisse ließen mir noch im Nachhinein kalte Schauer über den Rücken laufen. Mein ältester Sohn wäre um Haaresbreite von einem Ochsenkarren überrollt worden. Ein anderes Mal geriet er auf sumpfigem Untergrund ins Sinken und schaffte es erst im allerletzten Moment, sich an ein paar brüchigen Grasbüscheln wieder herauszuziehen. Einer der Zwillinge wäre fast an einer schweren Malaria gestorben. Mit Schüttelfrost und hohem Fieber wurde er ins Krankenhaus eingeliefert und kam erst nach ein paar Tagen wieder halbwegs auf die Beine.

Nach einigen Wochen in Vilpur wurde es Zeit zur Weiterreise, ein anderes Internat wartete auf die Jungen. Das Reisen in Indien war äußerst unangenehm: langsame und hoffnungslos überfüllte Züge, in denen es selbst einem Kind zu eng wurde, zumal sie tagelang unterwegs waren. Als die Kinder hörten, dass es wieder auf Reisen gehen sollte, rannte einer der Jungen panisch schreiend in den Dschungel – er hielt es einfach nicht mehr aus! Natürlich kamen die Dorfbewohner dem Ausreißer hinterher und das Ende vom Lied war eine Tracht Prügel.

Auf der neuen Schule gab es zum Glück einige gleichaltrige Jungen. Die Zwillinge wurden entsprechend ihrem Alter einer Klasse zugeteilt, nur beim Ältesten tauchte ein Problem auf: Mohamed hatte keine gültigen Papiere für ihn, daher durfte er nicht am Unterricht teilnehmen. Fünf lange Monate musste er sich tagsüber allein beschäftigen.

Die Nächte endeten früh für die Jungen, denn jeder Tag begann mit dem Morgengebet, dem ersten von fünf täglichen Gebeten. Es gab Schläge, wenn man zu spät kam. Bei jeder Gebetszeit beteten meine Söhne zu Gott und baten ihn um Hilfe. Sechs Monate lang passierte nichts, dann bekamen sie Träume. Einer der Jungen sah sich allein in einer tiefen Grube, ihm gegenüber ein riesiger Drache. Schreckliche Angst lähmte ihn, als plötzlich ein mächtiger, hell leuchtender Engel hereinkam, sein schweres Schwert aus der Scheide zog und den Drachen tötete. Dann half er dem Jungen hinaus. Dieser Traum gab neuen Mut und die innere Sicherheit, dass Gott ihre Gebete hörte und alles zum Guten wenden würde.

Mohameds Vater rief von Zeit zu Zeit aus England an und berichtete uns von den Kindern in Indien. Den Jungen ging es offenbar nicht so gut. Sie konnten sich einfach nicht an die Situation gewöhnen. Sie fühlten sich unwohl, waren unausgeglichen und dachten immer nur an Zuhause. Oft wollten sie zu ihrer Mama und zurück nach Saudi-Arabien zu ihrer Familie.

Das aus dem Munde meines Schwiegervaters zu erfahren, überraschte mich. Immerhin war er derjenige, der ihren Aufenthalt in Indien finanzierte. Ich hatte darum gebetet, dass meine Jungen der Gastfamilie doch irgendwann zu viel werden würden. Es war schließlich keine Kleinigkeit, sich über einen so langen Zeitraum um drei zusätzliche Kinder zu kümmern. Durch meinen Schwiegervater erfuhr ich, dass genau das eintrat. Laufend musste er sich Klagen anhören, was für eine Belastung die drei Jungen doch wären, und dass Mohamed sie endlich wieder abholen solle.

Mohamed merkte, dass sein Vater von den Verwandten unter Druck gesetzt wurde. Unwillig buchte er einen Flug nach Indien, um mal nach dem Rechten zu sehen. Das war Anfang Mai 1990. Vier Tage später meldete er sich telefonisch aus Bombay und ich konnte kurz mit meinen drei Söhnen sprechen. Es waren tatsächlich ihre Stimmen, die Stimmen meiner so sehnlichst vermissten Kinder, die ich dort am anderen Ende der Leitung hörte! Vor Aufregung konnte ich kaum den Hörer halten. Jedes einzelne Wort saugte ich begierig auf.

Mohamed konnte mir nach seinem Verständnis nicht viel Gutes berichten. Die Visa der Jungs waren abgelaufen und es gab ein Problem mit der Verlängerung in Bombay. Tagelang hatte er deswegen bei tropischen Temperaturen vor der britischen Botschaft in einer langen Menschenschlange anstehen müssen, nur um am Abend mit anzusehen, wie die Tore geschlossen wurden, ohne dass er an die Reihe gekommen war. Ich konnte nur beten. Ich war mir sicher, dass Gott auch die letzten Hindernisse aus dem Weg räumen würde.

Am 3. Juni, nach drei Wochen ungeduldigen Wartens und Betens, war es so weit. Ich kann nicht beschreiben, was für ein Gefühl es war, die Tür zu öffnen und meinen Mann und meine drei Söhne vor mir zu sehen. Ein langer Wunschtraum war Wahrheit geworden. Ich schlang meine Arme um sie und drückte sie an mich. Auf allen Seiten war große Wiedersehensfreude. Sie liefen gleich in das Mädchenzimmer, umarmten ihre Schwestern und wollten wissen, was sie an neuem Spielzeug bekommen hatten. Wie sie so zusammensaßen und durcheinander erzählten, wusste ich, dass die Einsamkeit in unserem Zuhause nun keinen Platz mehr haben würde. Das fröhliche Lärmen war Musik in meinen Ohren. Wir waren wieder eine Familie, ein lebendiger Beweis für Gottes Liebe und Macht. Ich dankte ihm für die Erfüllung all meiner Gebete.

Noch nie habe ich mich so begeistert und freudig ans Kochen gemacht wie an diesem Abend. Natürlich gab es das Lieblingsessen meiner Söhne: Spaghetti. Ich konnte mich gar nicht satt sehen an ihnen, wie sie sich hungrig hinsetzten und ihre Nudeln verschlangen. Endlich waren sie wieder zu Hause!

Die Stimmung bei den Jungen war ungebrochen gut, ihre körperliche Verfassung allerdings weniger. Sie waren abgemagert und ihr Bauch leicht aufgebläht. Auf Gesicht und Körper waren trockene Hautflechten, anscheinend durch Flüssigkeitsmangel. Die Fingernägel waren schwarz und die Füße durch das Tragen von Sandalen mit harter, rissiger Hornhaut überzogen. Überall entdeckte ich Insektenstiche.

Die Kinder sahen aus wie Kriegsveteranen. Nicht nur die Sachen, die sie anhatten, auch die Kleidung in ihren Koffern wies überall blutige Flecken durch solche Insektenbisse auf. Mein ältester Sohn hatte eine tiefe, verdreckte Wunde am Fuß. Seine Haut war trocken und schorfig und riss schon ein. Ich setzte alle drei in warmes Badewasser, mit einem desinfizierenden Badezusatz, um die Wunden zu reinigen und zu beruhigen. Die körperliche und seelische Erschöpfung war ihnen wirklich anzusehen.

Außerdem hatten die Jungen Läuse mitgebracht. Sie machten sich einen Spaß daraus, damit anzugeben, wer die meisten hätte. Es war ihre Art, sich von den vielen Widrigkeiten des Lebens nicht unterkriegen zu lassen. Ich besorgte ein Spezialshampoo gegen Läuse. Das

Beste war, wenn man den Kopf vorher komplett rasierte. Wir lachten und staunten nicht schlecht, als sie mit Glatze vor uns standen. Während ich mich darum bemühte, aus den Jungen wieder zivilisierte Menschen zu machen, saß Mohamed nur unbeteiligt vor dem Fernseher.

Mein Herz war leicht wie eine Feder, als ich mich an diesem Abend ins Bett legte. Alle Kinder waren wieder bei mir. Tiefer Friede erfüllte mein Herz und ließ mich glücklich einschlafen.

Anna rief später meine Familie in England an und berichtete ihnen, dass die Jungs zurück und wir wieder vereint waren. Sie freuten sich mit mir. Unser größtes Anliegen war jetzt, dass Gott uns aus Saudi-Arabien herausholen würde. Auch meine lieben Geschwister in den Gemeinden in England und den USA fasteten und beteten dafür. Ich bat Gott um eine Lösung, dass wir ohne Heimlichkeiten und ohne Angst ausreisen könnten. Wenn, dann wollte ich dieses Land erhobenen Hauptes verlassen, in meiner Würde als Kind des allmächtigen Gottes. „Du hast mich hergeschickt, Herr. Du weißt auch, wie und wann dein Plan erfüllt ist und ich das Land verlassen soll."

Um Mohamed machte ich mir Sorgen. Er war gereizt und grübelte vor sich hin. Es war klar, dass sich die Dinge für ihn negativ entwickelt hatten. Offensichtlich empfand er es als große persönliche Niederlage, dass er nach seiner erfolglosen Bekehrungskampagne jetzt auch noch durch die Umstände gezwungen worden war, die Jungen zurückzubringen. Aus seiner Sicht schien alles schief gelaufen zu sein. Was würde er als Nächstes ausbrüten? Ich betete, Gott möge schnell handeln.

17

Eine Frage der Macht

Einige Wochen nach der Rückkehr der Jungen teilte mir Mohamed mit, dass er beschlossen habe, noch einmal zu heiraten. Er wollte es also wirklich tun!

Meine erste Reaktion war ein Stoßgebet um Kraft. Irgendwo hatte ich gelesen, dass jede Prüfung im Leben gleichzeitig auch ein Training sei, das uns auf die nächste, schwerere vorbereite, aber diesmal fühlte ich mich völlig überfordert. Mohamed versicherte mir, ich werde auf jeden Fall immer seine erste Frau bleiben und die andere Frau wäre nur die Zweite. „Wie tröstlich", dachte ich. Ich fragte, ob es um seine Freundin aus Indien ginge. Er erwiderte, diese Affäre sei vorbei, er wolle einfach einige Frauen kennen lernen und sich eine passende Ehefrau aussuchen.

Eines Abends waren wir bei einem seiner Freunde zum Essen eingeladen. Die Dame des Hauses vertraute mir an, dass Mohamed ihren Mann gebeten hatte, für ihn nach einer zweiten Frau Ausschau zu halten. Obwohl der Islam den Männern das Recht zugestand bis zu vier Frauen gleichzeitig zu haben, sei es auch für die einheimischen Frauen sehr demütigend und keinesfalls wünschenswert, klärte sie mich auf. Sie konnte Mohameds Verhalten nicht verstehen und meinte, er könne kein guter Moslem sein.

Gott tat, was er immer für mich getan hatte, wenn ich schwierige Zeiten durchzustehen hatte: er machte mich stark und lenkte meine Gedanken auf die Dinge, die ich aus der jeweiligen Situation lernen konnte.

Langsam begriff ich die Tiefe der biblischen Weisung, nicht mit Ungläubigen an einem Joch zu ziehen, also gemeinsame Sache zu machen (2. Korinther 6,14).

Ich dachte zurück an frühere Jahre. Hätte ich doch auf meine Eltern und auf Gottes Wort gehört! Falsche Weichenstellungen haben oft negative und lebenslang spürbare Folgen. Satan hielt mir alle Fehler der Vergangenheit vor, die er nur finden konnte. Doch im Vertrauen auf Jesus konnte ich sagen: „Ich habe mir viele Schwierigkeiten selber eingebrockt, aber Christus ist für mich gestorben. Sünde und Tod haben mich nicht mehr im Griff. Sicher, ich habe ohne Gott gelebt und muss mich den Folgen stellen, doch jetzt ist Jesus selbst an meiner Seite. Das Alte ist vergeben und vergessen, etwas Neues hat angefangen. Gottes grenzenlose Macht ist meine Rettung. Ja, ich bin eine Sünderin, aber eine gerettete."

Mohamed fing immer wieder von seinen Heiratsplänen an. Nach islamischer Sitte haben alle Ehefrauen eines Mannes das gleiche Recht auf Versorgung. „Solange ich keine zweite Wohnung habe, muss sie erst einmal bei uns mit unterkommen", bemerkte er. Ich staunte, wie unbekümmert er dasaß und über seine Pläne plauderte, als hätte ich kein Herz und keine Gefühle. Doch noch mehr verwunderte mich, wozu Gott mich in dieser Situation befähigte.

Ich setzte mich zu Mohamed, hörte zu und versuchte, ihm in seiner Enttäuschung gut zuzureden. Hier sprach wahrlich der Heilige Geist durch mich, anders konnte ich mir das nicht erklären. Er gab mir die übermenschliche Kraft, einmal die Möglichkeit einer zweiten Frau zu akzeptieren und dennoch meine Zukunft uneingeschränkt in Gottes Hand zu legen. Ich wollte Gott unter allen Umständen gehorchen. „Herr, wenn ich bleiben soll, dann bleibe ich. Es gibt keinen besseren und sichereren Ort für mich als deinen Willen." Ich war bereit, alles für Gott zu tun, denn ich liebte ihn. Seine Pläne waren perfekt, daran hatte ich keinen Zweifel mehr. „Gott, wenn ich dieser neuen Frau von dir erzählen soll, dann gebrauche mich. Ich will nicht mehr sein als ein Werkzeug in deiner Hand." Ich hatte mich Gott rückhaltlos ausgeliefert, und er antwortete mir mit der stillen Verheißung, dass, was auch immer die Zukunft brächte, nichts über meine Kräfte gehen würde.

Mohamed sah, wie liebevoll und herzlich die Kinder und ich miteinander umgingen, und es machte ihn neidisch. Wir hatten etwas, das er nicht hatte. Die alten Drohgebärden kamen wieder: meine Religion sei schlecht für die Kinder, er werde seine Beziehungen spielen und mich nach England abschieben lassen. Panische Angst packte mich – eine zweite Trennung von den Kindern hätte ich einfach nicht ertragen. Ich begann zu bitten und zu betteln: „Bitte, bitte lass mich hier! Ich werde auch keine Andacht mehr mit den Kindern machen! Du kannst sie ganz islamisch erziehen, ich werde mich aus allem raushalten!" Ich konnte das so sagen, weil Gott mich auf diese Situation schon vorbereitet hatte.

In einem Buch von Ellen G. White hatte ich folgende Aussagen über den Einfluss der gläubigen Mutter gelesen:

„Niemand auf der Welt besitzt mehr Macht zum Guten als eine Mutter – ausgenommen Gott selbst. Ihr Einfluss wird immer spürbar bleiben ...

Im ständigen Wandel des Lebens steht die mütterliche Erziehung unerschütterlich wie ein Fels in der Brandung. Nur wenigen Müttern ist bewusst, dass ihr Einfluss unauslöschlich und geradezu schicksalhaft Zeit und Ewigkeit überdauern wird. Ein Kind nach dem Bilde Gottes zu formen, kostet viel Geduld und Kraft, aber Gott wird jedes ehrliche Bemühen um die Rettung eines anderen Menschen reich belohnen.

Niemand steht einem Kind innerlich so nahe wie die Mutter." („The Adventist Home", S. 240)

Ich verstand, dass mein Einfluss als gläubige Mutter mächtiger war als alles andere. Wenn ich nur weiterhin mein Leben mit Jesus führen würde, wäre das genauso gut und wirkungsvoll für meine Kinder, als würden wir zusammen Andacht machen. Selbst wenn ich nicht über Gott sprechen dürfte, sie würden ihn doch in meinem Leben erkennen. Mir wurde klar, dass Gott auf diese Weise nicht nur für die Rettung meiner Kinder sorgen würde, sondern auch für meine eigene.

Diese Erkenntnis überwältigte mich. Ich hätte laut losjubeln können. Dann musste ich an Mose denken. Was seine Mutter ihm als kleinem Jungen weitergab, rettete nicht nur ihn, sondern das ganze Volk Israel.

Zu Mohamed sagte ich: „Alles, was ich will, ist ihre Mutter zu sein. Alles, was ich will, ist für sie zu kochen und zu sorgen, mehr nicht."

Ich fiel auf die Knie und flehte zu Gott, er möge uns befreien. Doch meine letzte Bitte war und blieb: „Dein Wille soll geschehen."

18

Unerwartete Veränderungen

Die Tage krochen im Schneckentempo dahin. Ich lenkte mich mit Singen ab, dann fühlte ich mich dem Himmel etwas näher. Eines Morgens hörte ich beim Aufwachen einen Engelchor. Mit wunderschönen, hellen Stimmen sangen sie über Hoffnung und Freude. Die Musik war Balsam für meine Seele und eine unbeschreibliche Ermutigung für mich.

Eines Abends kam Mohamed mit Neuigkeiten von der Arbeit nach Hause. Der irakische Regierungschef Saddam Hussein war in Kuwait eingefallen. Der Mittlere Osten reagierte sehr beunruhigt. Unwillkürlich schoss mir wieder der Gedanke an die rettende Armee durch den Kopf.

Es mag seltsam klingen, aber die Nachricht gab mir neuen Auftrieb. Ich fühlte die Stunde der Rettung näher rücken – mein Glaube würde endlich belohnt werden. Es war, als sagte Gott: „Ich habe dich geprüft und erprobt – nun ist der Zeitpunkt deiner Befreiung gekommen. Sei ganz ruhig, ich bin dein Gott."

Viele Menschen aus Europa und Amerika verließen eilig Saudi-Arabien, weil sie mit Krieg rechneten. Ich fragte Mohamed, ob wir auch weggehen würden. Er sagte: „Nein". Trotzdem war ich sicher, dass Gott persönlich ins Weltgeschehen eingriff. Diese Ereignisse mussten auch eine Antwort auf meine Gebete sein. Gott hatte einen Plan.

Mehrere Wochen zogen ins Land. Aus England rief meine Familie an und teilte mir mit, dass sie für mich fasteten und beteten und außerdem Geld für unseren Rückflug sammelten. Sie mussten Gott genauso vertrauen wie ich, denn Mohamed machte keinerlei Anstalten, uns wegzulassen.

Ich sprach mit Anna über alles. Sie hielt meine Familie auf dem Laufenden. Es bedeutete mir immens viel, dass Menschen aus meiner Familie und meiner Gemeinde betend hinter mir standen. Bei einem Besuch überließ ich Anna meine Bibel und die anderen christlichen Bücher. Warum sollte ich sie mitnehmen, der Zoll hätte nur wieder Probleme gemacht. Anna freute sich und wollte auch darin lesen.

Gott war am Zug, es konnte nicht mehr lange dauern. Doch Mohamed verhärtete sein Herz wie einst Pharao, der das Volk Israel trotz vieler Bitten nicht ziehen lassen wollte. Allmählich wurde mir die innere Anspannung zu viel, ich spürte schon wieder Angst und Panik in mir hochsteigen. Aber Gott beruhigte mich, ich sollte einfach zusehen, wie er handelte. Mir blieb auch gar nichts anderes übrig, denn ich konnte nicht mehr, meine Reserven waren restlos aufgebraucht. Für mich war der Kampf vorbei, jetzt konnte ich das Feld nur noch Gott überlassen. Ich wollte nichts mehr diskutieren und nichts mehr bitten. Dennoch hatte ich die Gewissheit, als Siegerin ans Ziel zu kommen – und wenn Gott mich über die Ziellinie tragen müsste.

Seit über einem Jahr waren wir jetzt in Saudi-Arabien. Mir kam es vor wie ein halbes Jahrhundert. Ich schlug mein Tagebuch auf und ließ das vergangene Jahr in Gedanken noch einmal an mir vorüberziehen. ‚Ohne das Wort Gottes wäre ich nicht so, wie ich heute bin‘, dachte ich. Wie oft hatte es mich geführt und mir Rat gegeben – und auch die anderen christlichen Bücher. Wie viel hatte ich gelernt und wie sehr war ich gereift! Im Rückblick erkannte ich Gottes mächtiges Wirken noch deutlicher.

Die Bibel fordert uns auf, unser ganzes Vertrauen auf Gott zu setzen. Mein Vertrauen wurde auf eine harte Probe gestellt. Fast alles, was mein Leben wertvoll gemacht hatte, verlor ich: Würde, Gerechtigkeit, Freiheit, sogar meine Kinder. Was mir blieb, war meine persönliche Entscheidungsfreiheit. Ich entschied mich für Christus. Er war mir wichtiger als alles andere!

Wissen wir, was uns erwartet, wenn wir Gott bitten, uns in sein Reich zu führen? Ganz sicher nicht. Wir finden nirgendwo in der Bibel das Versprechen, nur auf der leichten, sonnigen, heiteren Seite des Lebens zu stehen. Doch was wir in der Bibel finden, ist Jesu Verheißung, uns niemals allein zu lassen. Nichts geschieht in unserem Leben ohne seine aufmerksame Fürsorge.

Wir können jeden Tag unseres Lebens dazu nutzen, unser Vertrauen auf Gott zu setzen. Was wir in den guten Zeiten üben, hat auch in schweren Zeiten Bestand und wird uns eine Hilfe sein. Durch das Vertrauen auf Gott werden wir uns von ihm führen lassen und er wird uns verändern. Nicht mehr das „Ich" steht dann im Mittelpunkt des Lebens, sondern Gott. Wenn das Kreisen um uns selbst aufhört und wir nicht die Zeit mit Sinnlosigkeiten verschwenden, die unsere Kraft kosten und das geistliche Leben ersticken, dann können wir allem, was auf uns zukommen mag, gefasst ins Auge sehen.

19

Rettung

Einige Wochen vergingen. Noch immer wollte Mohamed unsere Ausreisepapiere nicht unterzeichnen. Als er eines Abends von der Arbeit nach Hause kam, sah er sehr deprimiert aus. Mohamed erklärte mir, dass seine Firma in finanziellen Schwierigkeiten stecke und Arbeitsplätze abgebaut würden. Aus seinem Gesicht sprachen Anspannung und Angst.

Der Zeitpunkt war sehr ungünstig. Es drohte Krieg. Wir hatten eine Menge Ausgaben zu bestreiten und Mohamed schob bereits einen Schuldenberg vor sich her. Zudem hatte er gehofft, die Kinder in Saudi-Arabien auf eine britische oder amerikanische Schule schicken zu können, aber die waren nicht gerade billig. Zu allem Überfluss war gerade unsere halbjährliche Mietzahlung fällig.

Mohamed stand mit dem Rücken zur Wand. Sein Arbeitgeber bot ihm ein kleines Appartement an und empfahl ihm, die Familie erst einmal in die Heimat zurückzuschicken. Mein Mann suchte verzweifelt nach einem Ausweg, doch ich erkannte, dass hier ein Mächtigerer am Werk war. Mohamed wusste, dass sein Kampf verloren und seine Niederlage vernichtend war. Kraftlos ließ er sich aufs Sofa fallen.

Auch wenn ich mich dem langersehnten Ziel näher als je zuvor fühlte, war es nicht die Zeit für schadenfrohe Triumphgesänge. Es machte mich eher traurig, Mohameds endgültige Kapitulation zu beobachten. Er wusste, dass unsere Familie auseinander gerissen wurde – doch ihm blieb keine andere Wahl. Mit lieben Worten versuchte ich ihn etwas aufzubauen. War ich denn ein besserer Mensch? Wir machen alle Fehler. Was Mohamed tat, hatte er aus Liebe zu seinen Kindern getan – so gut er es eben verstanden hatte. Ich fühlte mich ihm sehr nahe. Es war Gottes Mitleid für seine verirrten Kinder, das ich im Herzen für ihn verspürte.

Mohamed gab mir detaillierte Instruktionen, was nach unserer Rückkehr nach England geschehen sollte. Ich sollte weiter meine Kopfbedeckung tragen, die Kinder sollten auf eine islamische Schule gehen. Panik und Verzweiflung lagen in seiner Stimme. Er wusste, dass er seine Familie wahrscheinlich für immer verloren hatte. Wie lange hatte ich diesen Moment herbeigesehnt und mir vorgestellt, wie ich vor Freude in die Luft springen, ihm ins Gesicht lachen und lautstark fragen würde, wessen Gott denn jetzt der größte und mächtigste sei! Stattdessen musste ich über seinen Schmerz und seine Hilflosigkeit weinen.

Mohamed murmelte vor sich hin, wo wir nur das Geld für die Flugtickets nach England hernehmen sollten. Er konnte ja nicht wissen, dass meine Familie dafür gesammelt hatte. Unsere sechs Tickets waren bereits bezahlt und am Schalter der ägyptischen Fluglinie hinterlegt, wir konnten sie jederzeit abholen. Er war verblüfft, als er davon erfuhr. Obwohl es seinen Stolz verletzen musste, blieb ihm nichts anderes übrig, als es anzunehmen.

Mohamed leitete alles Weitere in die Wege. Zum ersten Mal seit unserer Ankunft in Saudi-Arabien sah ich unsere Pässe wieder; er hatte sie im Büro verwahrt. Wir buchten einen Flug für den 15. August 1990.

Die nächsten Tage waren wie Psychoterror. Mal wollte Mohamed uns gehen lassen, im nächsten Moment warf er alles wieder um. Meine Nerven waren zum Zerreißen gespannt, dennoch hielt ich mich an der Hoffnung fest, dass Gott alles unter Kontrolle hat. Dann kam der 15. August. Mit gepackten Koffern standen wir bereit zur Abfahrt. Natürlich waren wir wahnsinnig aufgeregt; ich hatte den Kindern allerdings gesagt, sie sollten sich mit Freudenbekundungen zurückhalten – immerhin war es ihr Vater, den wir zurückließen.

Die ganze Zeit während der Fahrt zum Flughafen sprach Mohamed darüber, was wir tun und lassen sollten. Jeden Augenblick rechnete ich damit, dass Mohamed noch alles rückgängig machen würde. Nervös betete ich: „Herr, bitte mach es wahr!"

Vor dem Abfertigungsschalter erwartete uns eine Riesenschlange – reichlich Zeit für Mohamed, sich alles doch noch anders zu überlegen. Als wir endlich drankamen, durchzuckte mich der Gedanke: Vielleicht lässt er mich abfertigen und nimmt die Kinder wieder mit! „Ruhig, Esmie, ruhig", sagte ich mir, „du musst Vertrauen haben!"

Es war Gottes Plan, nicht meiner, und er würde ihn auch ausführen. Gott schickte mich in die Freiheit, nicht Mohamed. Als wir an die Metalldetektoren kamen, durfte Mohamed nicht mehr mit, ab hier mussten wir allein weiter. Einer nach dem anderen ging hindurch. Wir winkten Mohamed und bewegten uns in Richtung Tor, Schritt für Schritt, Meter um Meter. Dort angekommen, drehten wir uns noch einmal um. Nur noch aus der Entfernung konnten wir sein Gesicht sehen. Ein letztes Winken, dann waren wir draußen.

An Bord der Maschine schaute ich aus dem Fenster. Dort in der Wartehalle stand der Mann, den ich geheiratet hatte, und blickte zu unserem Flugzeug. Wie einsam er aussah. Welche Gedanken ihm in diesem Moment wohl durch den Kopf gingen? Er hatte wahrlich einen hartnäckigen Kampf geführt, und trotzdem war es von Anfang an eine hoffnungslos ungleiche Schlacht gewesen. Er hatte Gott herausgefordert und alles verloren. Ich dagegen war reifer geworden, hatte meine Kinder und ein tieferes Vertrauen in Gottes Führung als je zuvor. Sicher, das war mir alles andere als in den Schoß gefallen. Und dennoch: Mit Christus war ich gekommen und mit Christus ging ich wieder. Mein Auftrag war erfüllt.

20

In Freiheit

„Bitte stellen Sie Ihre Sitze aufrecht und legen Sie die Gurte an!" Der Jumbojet der ägyptischen Fluggesellschaft ist startklar zum Flug nach England mit Zwischenstopp in Kairo. Doch irgendetwas stimmt nicht. Normalerweise dauert es nur ein paar Minuten, bis die Tür geschlossen wird und das Flugzeug auf die Startbahn rollt.

‚O nein – Mohamed wird doch nicht im letzten Moment noch einmal seine Meinung geändert haben ...?' Es würde zu ihm passen, ich kenne ihn. In meinem Kopf rast es.

‚Er kann uns doch unmöglich die weite Strecke zum Flughafen fahren und an Bord schicken, nur um dann den Start der Maschine zu verhindern!' Doch ich weiß es besser – Mohamed ist zu fast allem fähig, wenn er sich etwas in den Kopf gesetzt hat. Ich halte den Atem an. Das Flugzeug steht in Parkposition. Ich sehe schon die Beamten an Bord kommen und die Kinder und mich bitten auszusteigen.

Minuten werden zu Stunden, die Zeit scheint still zu stehen. Nach einer halben Ewigkeit sehe ich, wie die Tür geschlossen wird, und die Motoren starten. Die Kinder sehen mich ängstlich fragend an. Eine geschlagene Stunde ist inzwischen vergangen. Die Maschine rollt auf die Bahn und die Triebwerke heulen auf. Schneller und immer schneller rasen wir über die Startbahn, bis der mächtige Vogel vom Erdboden abhebt.

Es ist vorbei! Geschafft!!

Ich holte tief Luft und lehnte mich zurück. Ganz langsam löste sich die Verkrampfung. So richtig entspannen konnte ich mich trotzdem nicht, es gab immer noch die Möglichkeit, dass das Flugzeug irgendwann nach Saudi-Arabien zurückbeordert würde.

Dann landeten wir in Kairo. Mit dem Gefühl, von Schutzengeln regelrecht umringt zu sein – unserer persönlichen, himmlischen Leibwache –, fühlten wir uns stark. Bevor es nach England weiterging, mussten wir eine Nacht im Hotel verbringen. Ich war muslimisch gekleidet, das war in diesen Breitengraden für eine Frau mit Kindern das Sicherste.

An diesem Abend konnten wir nach langer Zeit zum ersten Mal wieder unsere Familienandacht machen. Es war ein ganz besonderes Erlebnis und wir spürten die Gegenwart des Heiligen Geistes. Aus tiefstem Herzen sangen wir Gott unsere Loblieder und ließen Dankgebete zum Himmel aufsteigen. Nach einer warmen Mahlzeit krabbelten wir in unsere Betten. Der nächste Tag begann früh, mit persönlichem Bibelstudium und einem guten Frühstück. Dann wartete das Flughafentaxi auf uns, um uns zu unserem Anschlussflug zu bringen.

Am Flugplatz in England war fast die gesamte Familie versammelt, nur meine Mutter fehlte – für sie sollte unsere Ankunft eine Überraschung werden. Alle waren unglaublich glücklich, uns wieder zu sehen. Mit Freudentränen in den Augen fielen wir uns in die Arme. Auf dem Weg nach Hause betrachtete ich aus dem Wagen die grünen Hügel Englands und dankte Gott für die Freiheit.

Freiheit! Endlich!

Mutter konnte sich vor Freude gar nicht mehr beruhigen. Gemeinsam stellten wir uns im Kreis auf, hielten uns an den Händen und lobten Gott für seine Güte und seinen Schutz in allen vergangenen Gefahren. Auch jenseits des Atlantiks war die Freude groß, als meine Gemeinde in den USA die guten Neuigkeiten erfuhr.

Ich rief Mohamed an, um zu sagen, dass wir gut angekommen waren. Zu meiner großen Überraschung bat er uns nach Saudi-Arabien zurückzukommen, seine Stelle sei doch nicht gestrichen und er sogar befördert worden, mit anderen Worten: mehr Gehalt. Es klang praktikabel, also legte ich es Gott vor.

Ich bin der Überzeugung, dass wir in jeder Situation nach dem Willen Gottes fragen sollten, selbst dann, wenn alles klar zu sein scheint. Als ich in der Heiligen Schrift nach Hinweisen suchte, stieß ich auf einen Text aus dem Brief an die Galater (Kapitel 5, Vers 1), dort heißt es: „Christus hat uns befreit; er will, dass wir auch frei bleiben. Steht also fest und lasst euch nicht wieder zu Sklaven machen!" Deutlicher konnte man es nicht sagen! Das war Gottes Antwort für mich. Ich stellte keine weiteren Fragen, sondern fühlte mich wie erlöst und von Freude überwältigt, dass diese Art von Knechtschaft für immer vorbei war.

Für Mohamed war es eine herbe Enttäuschung. Er flehte mich an zurückzukommen, aber vergeblich. Ich hatte verstanden: Gott wollte nicht, dass wir wieder nach Saudi-Arabien zurückkehrten.

Die kommenden Wochen wurden zu einer Zeit der Angst. Mohamed war zornig und kündigte mir an, er werde die Kinder zurückholen. Ich hatte so viel mit Gott erlebt und so viele Wunder gesehen, doch immer noch verfehlten Mohameds Drohungen ihre Wirkung nicht. Ich fürchtete mich vor Bespitzelung durch seine Familie oder Bekannten. Die Kinder könnten gesehen werden, wie sie am Sabbat zur Gemeinde gingen. Ich kümmerte mich darum, dass sie abends eine islamische

Schule besuchten und weiterhin den Koran studierten. Die Angst hatte mich fest im Griff, denn Mohamed hatte mich gewarnt: Wenn ich nicht dafür sorgte, dass die Kinder lernten, was er für richtig hielt, würde er sie entführen lassen. Ich glaubte ihm aufs Wort.

Es dauerte eine ganze Weile, bis mir klar wurde, dass es so nicht weitergehen konnte. Diese Angst kam nicht von Gott. Mit seiner Hilfe verwandelte sie sich in Kühnheit und ich entschloss mich zur Flucht nach vorn. Ich wollte mehr als nur die räumliche Trennung und reichte die Scheidung ein. Es war der richtige Schritt, auch wenn es bedeutete, für immer getrennt zu leben und die Kinder allein groß zu ziehen.

Scheidung ist heute auch in unserer Gemeinde ein Thema. Ehe bedeutet, in guten wie in schlechten Zeiten zusammenzuhalten. Aber die „schlechten Zeiten" dürfen nicht so aussehen, dass ein Partner den Diktator spielt und der andere nur ausgenutzt wird. Es bedeutet vielmehr, dass man Seite an Seite steht, Sorgen und Nöte miteinander teilt und sich gegenseitig hilft und lieb hat.

Gott akzeptiert es, wenn wir uns für Scheidung und möglicherweise Wiederheirat entscheiden, weil die intime Ehegemeinschaft durch Untreue zerstört worden ist. Mit Gottes Hilfe ist es uns sogar möglich, Ehebruch zu verzeihen.

Hätte das Problem „nur" darin bestanden, dass Mohamed fremdgegangen war, hätte Gott mir sicherlich die Kraft gegeben, meine Ehe weiterzuführen. Aber wenn der Partner zu einem dauerhaften Hindernis für dein Glaubensleben wird, dann musst du dir unweigerlich die Frage stellen, ob das Gottes Wille sein kann. Unter Gebet entschied ich mich für die Scheidung.

Mohamed wehrte sich mit Händen und Füßen dagegen. Ich litt sehr unter der ganzen Angelegenheit. Er warf mir vor, einem Satanskult anzugehören. Die Kinder lockte er mit der Aussicht, in einer wunderschönen Villa mit Swimmingpool zu wohnen, Hausbedienstete zu haben und eine gute Ausbildung auf saudi-arabischen Schulen zu erhalten. Acht Monate lang stritten wir vor Gericht, hauptsächlich um das Sorgerecht für die Kinder, bevor endlich eine Entscheidung fiel. Mir wurde das volle Sorgerecht für alle fünf Kinder zugesprochen. Ich war überglücklich und Gott unendlich dankbar!

Wir bezogen ein hübsches neues Zuhause und die Kinder gingen auf eine englische Schule. Sogar ein Auto konnten wir uns kaufen, dank der großzügigen Unterstützung lieber Geschwister aus der Gemeinde. Wir machten bestimmte Besuchszeiten für Mohamed aus, allerdings durfte er nicht mit den Kindern allein sein.

Während einer seiner Besuche betete ich zu Gott, Mohamed möge durch uns Jesus begegnen und verstehen, was Christus für ihn mit seinem Tod am Kreuz gewirkt hat. Die Erhörung sollte nicht lange auf sich warten lassen.

21

Gefangen

Als ich von Saudi-Arabien zurückkam, machte mein Bruder Jeffrey gerade eine ziemlich schwierige Phase durch. Lange Zeit drehte sich in seinem Leben alles nur um Alkohol und Drogen.

Jeffrey führte sich teilweise derart sonderbar auf, dass ein Prediger, der ihn besuchte, zu dem Schluss kam, dass er von einem bösen Geist, von einem Dämon besessen wäre. Wir hatten diesen Gedanken schon länger gehabt. Mein Bruder kannte jede Hexe und Wahrsagerin in der Gegend und besuchte oft deren Sitzungen. Er hatte uns selbst erzählt, dass er dabei viele unerklärliche und übernatürliche Phänomene erlebt habe.

Mein Bruder schien auch selbst übermenschliche, dämonische Kräfte zu besitzen. Das Böse hatte Macht über ihn und man konnte es wirklich mit der Angst zu tun bekommen, wenn man ihm unter Alkohol- oder Drogeneinfluss begegnete. Sein Verhalten war unberechenbar, Satan hatte ihn scheinbar völlig unter Kontrolle. Irgendwann schließlich wurde Jeffrey bewusst, dass er Befreiung brauchte.

Eines Abends kamen der Bezirksprediger und mehrere Gemeindeglieder zu ihm nach Hause. Der Prediger ging durch das ganze Haus und betete in jedem einzelnen Zimmer um die Austreibung der Dämonen. Danach bildeten alle einen Kreis um Jeffrey und der Prediger versuchte, die Dämonen auszutreiben, die sich Jeffreys bemächtigt hatten. Der Körper meines Bruders zuckte, tiefes Stöhnen war zu hören und schrille

Schreie. Als der letzte Dämon ausgetrieben war, fiel Jeffrey wie tot zu Boden, mit Schaum vor dem Mund.

Die Anwesenden begannen, Gott ein Danklied zu singen und Jeffrey kam langsam wieder zu sich. Der Kampf war gewonnen. Mit ausgebreiteten Armen fiel mein Bruder auf die Knie, weinte, schluchzte und lobte Gott für die Befreiung aus der dämonischen Versklavung. Es war ein bewegender Augenblick und für alle eine unvergessliche Erfahrung, wahrlich ein Triumph der Macht Gottes über das Böse.

Vier Jahre lang führte Jeffrey ein vorbildliches Leben, er war wie verwandelt. Er nahm sich Zeit für die Familie und ging sehr liebevoll mit seiner Frau und seinen zwei Kindern um. Auch um das geistliche Leben seiner Familie war er bemüht und leitete die gemeinsamen Andachten.

Auch in der Gemeinde taten sich neue Betätigungsfelder auf: die Kinder liebten ihn – er war ihr großer Held. Außerdem wurde er als Diakon gewählt. Seine Freunde von früher wollten ihren Augen nicht trauen. Nicht nur einmal versuchten sie, ihm den alten Lebensstil wieder schmackhaft zu machen, aber Jeffrey ging nicht darauf ein. Er war ein lebendiger Beweis dafür, dass Christus die Macht hat, neues Leben zu schenken.

Doch der Teufel wollte sich noch nicht geschlagen geben. Eines Tages ließ Jeffrey sich bei der Arbeit provozieren und wurde handgreiflich. Der Zwischenfall führte zu seiner Entlassung. Als die Gemeinde davon erfuhr, entzog sie ihm sein Amt als Diakon. Eins kam zum anderen und ehe Jeffrey sich versah, ging es in seinem Leben abwärts. Seine Jobsuche blieb erfolglos und ließ in ihm ein Gefühl von Aussichtslosigkeit und Ausgestoßensein aufkommen.

Je mehr Zeit Jeffrey hatte, desto mehr breiteten sich Nervosität und Frust in ihm aus. Alles schien sich gegen ihn verschworen zu haben und immer häufiger versuchte er wieder, seine Probleme im Alkohol zu ertränken. Besonders von der Gemeinde fühlte er sich im Stich gelassen.

Ich machte mir ernsthaft Sorgen um meinen Bruder. So gut ich konnte, versuchte ich ihn psychisch und geistlich aufzubauen. Jeden Tag betete ich um Licht am Ende des langen, finsteren Tunnels, in dem er sich befand.

Eines Nachts träumte Jeffrey, es würde an seiner Tür klopfen. Als er einen Spalt breit öffnete, sah er ein niedliches, kleines Kätzchen davor sitzen. „Nicht, Jeff", warnte ich ihn im Traum, „lass es nicht rein!" Aber er antwortete: „Warum denn nicht, es ist doch nur ein Kätzchen. Schau wie süß ... Das Ärmste, bestimmt hat es Hunger." Er öffnete die Tür etwas weiter und wollte die Katze gerade hereinnehmen, als plötzlich von überallher zu Hunderten und Tausenden Kätzchen angerannt kamen und am hilflosen Jeffrey vorbei ins Haus stürmten. Mir fiel die Bibelstelle ein, wo ein böser, unreiner Geist aus einem Menschen vertrieben wird. Später kommt er wieder, um zu sehen, was aus dem Menschen geworden ist. Dann „nistet" er sich dort wieder ein und holt noch andere böse Geister dazu.

Der Traum stimmte Jeffrey nachdenklich, brachte aber keine Wende. Sein Bibelstudium geriet immer mehr ins Hintertreffen und sein Gebetsleben war praktisch tot. Er besuchte seine alten Freunde in der Absicht, ihnen ein Zeugnis zu geben und brachte sich damit nur selber in Gefahr. Die alten Gewohnheiten – Alkohol-, Zigaretten- und Drogenkonsum – hielten wieder Einzug. Statt von Jesus, der lebendigen Quelle zu trinken, ließ er sich mit Whisky voll laufen, um seine Probleme zu vergessen. – Satan war dabei, die verlorene Herrschaft zurückzugewinnen.

Meine Erlebnisse in Saudi-Arabien hatten Jeffrey ganz besonders aufgewühlt. Er war empört, wie Mohamed mich behandelt hatte. Niemandem war das damals aufgefallen, auch mir nicht. Er trug diese negativen Gefühle immer noch in sich. Sie gärten ihn ihm und schließlich wurde aus seiner Wut der feste Entschluss, dass Mohamed für alles bezahlen müsste.

22

Ein Liebesbeweis

Als Mohamed wieder einmal seinen Besuch ankündigte, nahm Jeffrey sich vor, ihn zu töten. Etwa zwei Wochen lang wurde mein Bruder Nacht für Nacht von Dämonen geweckt, die ihm befahlen, Whisky zu trinken, seine Waffe zu nehmen und Mohamed umzubringen.

Dann kam Mohamed. Die Kinder freuten sich, ihren Vater wieder zu sehen. Außer ihm waren noch meine Freundin und ihre zwei Söhne da, Spielkameraden von meinen Söhnen. Plötzlich donnerte es gegen die Tür. Ich öffnete, und vor mir stand Jeffrey, sturzbetrunken. Er schob sich an mir vorbei ins Wohnzimmer. Mit hasserfüllten Augen sah Jeffrey Mohamed an. Die Fröhlichkeit verwandelte sich blitzartig in Angst. Im nächsten Augenblick ging mein Bruder auf Mohamed los und begann, auf ihn einzuprügeln.

Meine Freundin griff sich die Kinder und lief mit ihnen nach oben, um zu beten. Dann kam sie herunter, um zu sehen, ob sie vielleicht irgendetwas tun könnte. Mohamed stand unter Schock und war kaum in der Lage, sich zu wehren. Mühsam und benommen richtete er sich wieder auf, aber Jeffrey ließ nicht von ihm ab. Wir schrien Jeffrey an, er solle aufhören und versuchten, ihn aufzuhalten, aber er war zu stark. Er schüttelte uns ab wie Ameisen und brüllte, dass Mohamed jetzt sterben müsse, als Strafe für all das, was er mir in Saudi-Arabien angetan hatte. Meine Bitten, doch aufzuhören, stießen auf taube Ohren. Es war fürchterlich.

Jeffrey rannte zum Auto, um seine Waffe, ein Schwert, zu holen. Das verschaffte uns eine kurze Atempause. Ich riss das hintere Schiebefenster hoch und rief Mohamed zu, er solle schnell rausspringen und verschwinden. Aber er reagierte kaum. Er war ganz benommen, sein Mund blutete.

Als er sich endlich dem Fenster näherte, stürzte Jeffrey schon wieder ins Haus. Ich wusste, dass wir hier nicht gegen meinen Bruder kämpften, sondern gegen böse, übermenschliche Mächte, die ihn beherrschten. Deshalb wandte ich mich direkt an den Bösen, der in mein Haus eingedrungen war: „Satan, im Namen Jesu befehle ich dir zu gehen!"

Meine Freundin stand in sicherem Abstand und betete. Atemlos beobachteten wir, wie Jeffrey unter wilden Flüchen mit dem Schwert ausholte und den Esstisch spaltete. Der nächste Schlag traf einen Stuhl. Wie in Trance beschrieb er, wie er Mohamed töten wollte.

An dieser Stelle verließ mich jede Furcht. Ich sprang Jeffrey direkt vor die messerscharfe Klinge und hielt sie fest. Unsere Blicke trafen sich. Während ich um Schutz vor den Dämonen betete, sagte ich: „Ich rede jetzt nicht mit Jeff, sondern mit dem bösen Geist in ihm. Im Namen Jesu, verlass den Körper meines Bruders! Jetzt!" Immer noch hatte ich das Schwert fest im Griff. „Esmie, lass los, bitte!" rief Jeffrey. „Ich kann nicht", erwiderte ich.

Vor mir war das Schwert, hinter mir Mohamed. Jeffrey wollte mich auf keinen Fall verletzen. Immer wieder forderte ich Mohamed auf: „Spring durchs Fenster! Schnell, spring durchs Fenster!", doch er war vor Schreck wie gelähmt. Plötzlich hörte ich mich selber zu Jeffrey rufen: „Töte mich! Töte mich, aber nicht Mohamed! Bitte, Jeff, tu ihm nichts! Lass mich für ihn sterben!"

In diesem Moment setzte Mohamed sich endlich in Bewegung. Alles schien in Zeitlupe abzulaufen. Jeffrey gelang es irgendwie, mir das Schwert zu entreißen, ohne mich zu verletzen. Jetzt stürzte ich mich von hinten auf ihn, schlang meine Arme um seine und klammerte meine Hände mit aller Kraft vor seiner Brust zusammen. Das gab Mohamed die Möglichkeit, durchs Fenster zu flüchten. In der Hektik stieß er oben am Fenster an, so dass die aufgeschobene Hälfte herunterrutschte und ihn einklemmte. Jeffrey hatte sich gerade befreit und hob schon das Schwert, als Mohamed sich im letzten Moment doch noch befreien konnte und davonrannte.

Jeffrey hatte die Reifen an Mohameds Auto aufgeschlitzt und draußen zwei Männer postiert, um ihn abzufangen. Irgendwie schaffte es Mohamed trotzdem, den beiden Verfolgern zu entkommen. Mein Bruder rannte nach draußen und schnauzte die erfolglosen Wachposten an. Dann sprang er ins Auto, um die Verfolgung aufzunehmen, aber der Wagen sprang nicht an. Wieder etwas Zeit für Mohamed, sich in Sicherheit zu bringen.

Jeffrey wollte nicht wahrhaben, dass er ihnen tatsächlich entwischt war. Verzweifelt versuchte er den Wagen anzuschieben, aber es war umsonst. Zornig ließ er sich auf den Boden fallen und schrie in die Dunkelheit: „Ich habe versagt, Meister! Verzeih mir, ich habe versagt!" Es war ein trauriger Anblick, wie Jeffrey jammerte und sich bei Satan entschuldigte, dass er den Auftrag, ein Menschenleben auszulöschen, nicht ausgeführt hatte. Ich griff mir Jeffrey und hielt ihn mit all meiner Kraft fest. Dann bat ich Jesus, Satan zu vertreiben.

Nach einer Weile sprang der Wagen wieder an. Jeffrey und seine zwei Freunde machten sich auf die Suche nach Mohamed. Ich betete für seinen Schutz und rief alle möglichen Leute an, ob sie ihn vielleicht gesehen hätten. Ich wollte, dass er wusste, dass Jeffrey noch immer nach ihm suchte. Später meldete sich meine Schwester mit der Nachricht, dass Mohamed in der Notaufnahme des Krankenhauses sei und medizinisch versorgt werde. Er hatte Schürf- und Schnittwunden und seine Hand musste genäht werden.

Noch Stunden danach war ich völlig aufgelöst. An Schlaf war nicht zu denken. Früh am Morgen des nächsten Tages fand ich Jeffrey bei einem Freund. Die Wirkung des Alkohols ließ allmählich nach. Er sah mich mit geröteten Augen an, lächelte schwach und sagte: „Esmie, du hast wirklich Macht." Dann erzählte er mir, wie er meine Wohnung betreten und sich auf einmal deutlich geschwächt gefühlt habe. Mit aller Kraft habe er auf Mohamed eingedroschen, aber jeder Schlag schien ihn nur wie durch Watte zu treffen und beinah wirkungslos zu bleiben. Wieder schaute er mich an und sagte: „Es ist unglaublich. Du hast wirklich Macht!"

„Ja, Jeff", antwortete ich, „es ist die Macht Christi, Gottes Macht. Sie steht auf Abruf bereit, wann immer wir sie brauchen."

„Jedes Mal, wenn du den Namen Jesu angerufen hast, wurde ich schwächer und schwächer, bis ich nicht mal mehr meine Arme heben konnte", sagte er. „Ich hab's versucht, es ging einfach nicht. Gegen Christus hat Satan keine Chance."

Christus ist unser Erlöser – was für ein grandioser Sieg steckt dahinter, was für ein unbeschreibliches Glück!

Ich nahm meinen Bruder zum Abschied in den Arm und fuhr nach Hause, um meinen Kindern zu sagen, dass es ihrem Vater gut geht.

An diesem Abend ließ mich der Gedanke nicht los, wie sehr Gott alles bis ins Detail in seiner Hand hat.

Meine Gebete waren erhört worden: Mohamed hatte einen wunderbaren Beweis der Liebe Gottes erlebt – wenn auch in einer lebensbedrohlichen Situation. Es war wie eine bildliche Darstellung des Erlösungsplans. Christus liebt uns Sünder und verhindert unseren endgültigen Tod, weil er an unsere Stelle tritt. Er ist unser Stellvertreter und Anwalt, obwohl wir das durch unser Verhalten nicht verdient haben. Doch seine Liebe nimmt uns bedingungslos in Schutz.

Gott gebrauchte mich in diesem Schreckensszenario, um durch mich seine Liebe und sein Opfer sichtbar werden zu lassen. Was für ein fantastischer Gott!

Am nächsten Vormittag besuchte ich Mohamed im Laden seines Vaters. Er stand noch immer unter Schock. Die Ereignisse jenes Abends hat er nie mehr erwähnt. Trotzdem bin ich mir sicher, dass sich die seltsame Szene in sein Gedächtnis eingeprägt hat: als ich mein Leben für seines anbot, ein Bild für das, was Christus um unsertwillen tatsächlich getan hat. „Niemand liebt mehr als der, der sein Leben für seine Freunde opfert." (Johannes 15,13)

Mit Mohamed passierte Erstaunliches. Er hatte den Mut, noch am selben Tag Jeffrey einen Besuch abzustatten. Sie umarmten sich zur Begrüßung. Irgendwie verstanden sie sich auf Anhieb. Mein Bruder Jeffrey lud Mohamed ein, zum Essen zu bleiben. Sie aßen zusammen, sprachen über ihre Probleme, weinten und nahmen sich zum Abschied in den Arm. Wenigstens für einen Abend war Mohamed ein anderer Mensch.

23

Neubeginn

Mohamed entschied sich, wieder zu heiraten. Er wollte endlich Frieden mit seiner Familie, und das konnte er nur erreichen, wenn er sich in die religiösen Traditionen einfügte. Also ließ er seine Eltern eine Hochzeit mit einer muslimischen Frau arrangieren.

Wir waren bereits seit mehreren Monaten geschieden, dennoch hatte ich immer gehofft, Gott würde sein Herz verändern und uns wieder zusammenführen. Als ich von der Hochzeit erfuhr, weinte ich, denn es bedeutete das Ende aller Hoffnungen. Es tat mir auch weh, die Kinder deswegen leiden zu sehen.

Ich hatte mich damals entschlossen, nicht wieder zu heiraten, es sei denn, Mohamed selbst täte es. Ich wollte bereit sein, auf seine Bekehrung zu warten. Doch nun wusste ich nicht, ob das noch Sinn hatte. Die Trennung schien durch Mohameds erneute Heirat endgültig. Es fiel mir schwer, das anzunehmen. „Warum?" fragte ich Gott. „Warum muss ich meinen Mann hergeben? Hast du wirklich nichts unversucht gelassen, um ihn zu dir zu ziehen, um ihn zu retten? Wirklich nichts? Ganz bestimmt, Herr?"

Ich fand Gottes Antwort, wie schon so oft, in einem Vers der Bibel. In Jesaja, in Kapitel 65 heißt es in den ersten beiden Versen: „Ich war bereit, diesen Leuten zu helfen, aber niemand hat mich um Hilfe gebeten. Ich war für dieses Volk immer zu finden, aber niemand hat mich gesucht. Obwohl keiner von ihnen meinen Namen rief, sagte ich immerzu: 'Ja, ich höre!' Die ganze

Zeit über streckte ich einladend die Hände aus; aber dieses widerspenstige Volk will nichts von mir wissen. Sie folgen ihren eigenen Gedanken und gehen beharrlich ihre eigenen verkehrten Wege."

Es war, als würde er mir sagen: „Esmie, ich habe wirklich alles versucht bei Mohamed, alles, außer Zwang." Das tröstete mich. Trotzdem saß der Schmerz tief. Ich trauerte und weinte, dass ein ganz besonderer Mensch, der Vater meiner Kinder, den Weg zu Gott nicht finden wollte. Dann dachte ich an das alte Israel. Wie muss Gott sich gefühlt haben, als er sich um seine Kinder bemühte und sie nicht wollten!

Doch das Leben musste weitergehen. Ich entschloss mich, noch einmal eine Ausbildung zu machen, damit ich besser für unseren Lebensunterhalt sorgen konnte. Gott zeigte mir, dass er mich gern im sozialen Bereich einsetzen würde, und der Gedanke gefiel mir.

Ich hatte gehört, dass die amerikanische Andrews-Universität in Berrien Springs, im Staat Michigan, ein Programm für Alleinerziehende anbot. Ich bewarb mich und wurde angenommen. Schwierigkeiten tauchten erst auf, als ich neue Einreisevisa für die USA beantragte. Nach rund elf Monaten, mit Fasten und Beten, und zwei vergeblichen Anläufen, erhielt ich schließlich die notwendigen Visa.

Am 3. Mai 1992 landete unsere Maschine auf dem New Yorker Kennedy-Flughafen. Wir hatten vor, einige Zeit bei meinen Schwestern in Connecticut zu verbringen, bevor im Herbst die Ausbildung an der Andrews-Universität begann. Auf dem Weg dachte ich darüber nach, wie Gott mein Leben bis zu diesem Tag geführt hatte. Ganz unerwartet kam in mir die Frage auf, ob es wirklich Gottes Wille sei, dass ich nach Michigan gehe und eine soziale Ausbildung absolviere. Zweifel und Panik packten mich plötzlich. Genau in diesem Moment überholte ein Bus unser Auto. Ich schaute ihn mir an und las in großen Lettern den Schriftzug „Andrews-Universität".

Wie groß und wunderbar ist Gott! Es war kein Zufall, Gott hatte mir Ermutigung und neue Sicherheit geschenkt, wenn auch auf ungewöhnliche Weise. Aber genau zu dem Zeitpunkt, als ich es brauchte. Es war, als würde ich Gottes Stimme hören, wie sie mir sagte: „Ich werde vorangehen und deinen Weg ebnen." Ich brauchte nicht zu zweifeln, Gott hatte einen Plan für mein Leben. Alles, was ich tun musste war, zu vertrauen. Ich dankte Gott für seine Führung und dass er sofort zur Stelle gewesen war, als ich ihn brauchte.

Einen Monat nach unserer Rückkehr in die Vereinigten Staaten heiratete Mohamed wirklich. Natürlich hatte ich damit gerechnet, trotzdem machte es mich traurig. Doch Gott hatte noch viel mit mir vor und holte mich sanft aus meinem Kummer ins Leben zurück. Sechs Wochen lang war ich missionarisch und musikalisch in Elmira im Norden des Bundesstaates New York tätig. Es war schön, anderen von meinen Erfahrungen mit Gott zu berichten und von meinem Glauben zu singen. Es war, wie der Prophet Jeremia sagt: „Feuer in meinen Knochen". Lange hatte ich schweigen müssen. Aber wenn man die Liebe Gottes so hautnah erlebt hat, geht der Mund einfach über. Ich lernte viele nette Menschen kennen und durfte die großzügige Unterstützung der Gemeinde genießen.

Die Einschreibung an der Andrews-Universität war problemlos, unsere Unterbringung allerdings nicht. Die Leiterin des Programms für Sozialarbeit, das ich durchlaufen wollte, teilte mir mit, dass es für diesen Ausbildungszweig eine riesengroße Nachfrage gab und sie zu diesem Zeitpunkt leider keine Unterkunft mehr für mich hätte. Sie schlug vor, meinen Ausbildungsbeginn um ein Jahr zu verschieben, aber das passte nicht zu Gottes Plan, soweit ich ihn verstanden hatte. Also sagte ich ihr, dass Gott mich dieses Jahr in dem Programm haben wollte und nicht nächstes.

Der Herbst rückte näher, aber es sah nicht gut aus. Doch ich hörte nicht auf zu beten und meinem Gott zu vertrauen. Ich kannte so viele Verheißungen aus seinem Wort und wusste um so viele Versprechen, die er erfüllt hatte – warum hätte ich mir da Sorgen machen sollen?

Unsere evangelistischen Veranstaltungen in Elmira neigten sich dem Ende zu. Am letzten Sabbat war ein Taufgottesdienst geplant und abends sollte das Zelt abgebaut werden. Auch danach hatte ich noch zu tun: Bibelstunden mit interessierten Menschen und Vorbereitungen für die Taufe. Mein letzter Tag bei diesem Projekt war der 22. August, dann war meine Aufgabe getan. Ich überlegte schon, was ich danach machen sollte, denn von der Universität hatte ich nichts mehr gehört.

Einen Tag vor der Taufe kam ein Anruf aus Berrien Springs. Es ging um meine Unterbringung. Man teilte mir mit, dass eine Wohnung mit drei Schlafzimmern für mich bereitstünde und ich am 23. August einziehen könne. Einige Tage später kam zusammen mit herzlichen Willkommensgrüßen die Teilnahmebestätigung vom Ausbildungs-Programm. Ich jubelte und lobte Gott! Bis auf den Tag genau hatte er alles gelingen lassen. Wie hatte ich jemals an Gottes Führung zweifeln können?

24

Schritt für Schritt

Unser Prediger und seine Familie sowie einige Freunde halfen uns beim Umzug von Connecticut zur Andrews-Universität. Um 3.00 Uhr nachts kamen wir an, trugen rasch unsere sieben Sachen in die Wohnung und versuchten, bis zum Morgen noch etwas zu schlafen.

Meine Helfer machten sich noch am selben Tag auf den Rückweg. Es war ganz eigenartig, als ich mit den Kindern wieder allein war. Alles kam mir so widersinnig vor. Ich fragte mich andauernd: „Was mache ich hier bloß?" Alles um mich herum war fremd. Die Verantwortung für mich und meine Kinder lastete nun allein auf meinen Schultern. Ich fühlte mich dem Leben auf einmal nicht gewachsen.

Aber eins war sicher: Gott war hier und kümmerte sich um uns, das hatte er versprochen. Mit der Zeit lernten wir viele nette Menschen kennen, die es uns leichter machten, sich wohl zu fühlen und Wurzeln zu schlagen. Für diese Eingewöhnungsphase war es gut, dass wir noch etwas Zeit hatten, bis meine Vorlesungen und die Schule für die Kinder begannen. Trotz unseres totalen Neuanfangs fehlte es uns an nichts, wir waren rundum gut versorgt. Für uns war das wieder einmal Gottes Wirken.

Natürlich erzählte ich auch von Saudi-Arabien und meinen vielen Erfahrungen mit Gott. Die Geschichte sprach sich bald herum und war, wie ich dankbar feststellen konnte, vielen eine echte Hilfe für ihren Glauben.

Dann begann das Wintersemester. Die ersten drei Monate waren schwierig. Das letzte Mal hatte ich vor fünfzehn Jahren die Schulbank gedrückt! Ich hatte große Angst, den Anforderungen nicht gewachsen zu sein. Eines Nachts hatte ich einen Traum. Ich stand vor einem großen Gebäude. Nach oben führte eine komplizierte, ineinander verschlungene Treppe. Ich blickte auf die unzähligen Stufen und wusste sofort, dass ich es nie im Leben schaffen würde, dort hinaufzugelangen.

Eine Gruppe von Studenten kam näher und stieg ohne irgendwelche Probleme die Treppe hinauf. Ich schaute ihnen mit offenem Mund hinterher; es war mir ein Rätsel, wie sie das machten. Auf einmal merkte ich, dass ich nicht allein war. Eine große, würdevolle Gestalt stand bei mir und deutete in eine andere Richtung. Sie ging los und ich folgte ihr. Alle paar Meter drehte sie sich nach mir um, um sicherzugehen, dass ich auch Schritt halten könnte. Ich blieb hinter ihr und machte jede ihrer Bewegungen nach. Dann stiegen wir Stufe für Stufe bis ganz nach oben.

Ich war erleichtert und froh, dass es geschafft war. Dann beobachtete ich, wie viele junge Leute Auszeichnungen überreicht bekamen, und womit ich überhaupt nicht gerechnet hatte: ich auch! Später sah ich mich in einer wunderschönen Wohnung. Mein Begleiter war noch immer an meiner Seite. Das Gebäude mit den vielen Stufen gehörte jetzt mir. Durchs Fenster sah ich jemanden vor der riesigen Treppe stehen, auf seinem Gesicht derselbe Ausdruck von Ratlosigkeit wie damals bei mir. Ich lächelte ihn an und erzählte ihm meine Geschichte – ich war mir sicher, er konnte es genauso schaffen wie ich.

Als ich aufwachte, wusste ich, dass ich meinen Abschluss eigentlich schon in der Tasche hatte. Alles, was ich noch zu tun hatte, war dranzubleiben! Mir kamen vor Freude die Tränen. So wichtig und wertvoll war ich für Gott und so viel traute er mir zu! Ich war tief gerührt.

Das Studium forderte mich ganz. „Nebenbei" war ich ja auch noch allein erziehende Mutter von fünf Kindern! Aber es war gut zu wissen, dass alles Gottes Plan war. Er sorgte dafür, dass wir tapfer durchhielten.

25

Wie für mich geschaffen

Die Kinder wuchsen heran. ‚Eigentlich brauchen sie einen Vater‘, dachte ich oft, wenn ich sie beobachtete. Jemanden, von dem meine Jungen lernten, wie sie junge Männer mit einem gesunden Glauben werden konnten, und jemanden, der meinen Mädchen etwas von der väterlichen Fürsorge Gottes begreiflich machen konnte. Sie hatten es nicht verdient, ohne Vater groß aufzuwachsen. Abgesehen davon, sehnte ich mich auch nach jemandem, der mich liebte, umsorgte und als Frau begehrte. Ich wollte aber nichts überstürzen und stellte mir ehrlich die Frage, ob ein neuer Mann und Vater gut für uns wäre. Es dauerte ganze zwei Tage, dann stand meine Antwort fest: Ja!

Auf meiner Gebetsliste war dieses Anliegen nun ganz weit oben. Erst betete ich täglich darum, dann fast stündlich. Ich schloss mich einem Gebetskreis an und bat sie, mit dafür zu beten. In meinem Herzen war ich davon überzeugt, dass es nicht einfach irgendein Mann sein würde, nein, Gott hatte mit Sicherheit jemand Bestimmtes für mich im Sinn. Ich bat Gott darum, einen Mann speziell für mich zu „erschaffen“. Mir war bewusst, dass die schlimmen Erfahrungen der Vergangenheit nicht einfach ausgelöscht waren. Meine Seele hatte tiefe Narben davongetragen und in meinem Innern waren noch immer einige Wunden nicht ganz verheilt. Andererseits hatte ich auch sehr viel in dieser Zeit gelernt. Alles in allem fand ich, dass ich für einen gläubigen Partner keine schlechte Partie wäre.

Ich wünschte mir einen Mann, der Gott noch mehr liebte als mich und der sein ganzes Leben für ihn einsetzen wollte. In mir verfestigte sich der Gedanke, dass es ein Prediger sein müsste. Ich war mir sicher, dass meine Bitten mit Gottes Plan für mein Leben übereinstimmten. Trotzdem suchte ich immer wieder Gottes Nähe und sein Wort. Ich dachte darüber nach, welchen Eindruck es machen würde, wenn eine geschiedene Frau mit fünf Kindern einen Prediger heiratet, und ich gab die Frage an Gott weiter.

Ich war ständig im Gespräch mit Gott und redete über jede einzelne Sorge und jede Unsicherheit. Er versicherte mir liebevoll, dass er mir alles geben würde, was ich mir in seinem Namen und nach seinem Willen wünschte. Er zeigte mir, dass die Trennung von Mohamed unabwendbar gewesen war, weil dahinter ein geistlicher Überlebenskampf gestanden hatte, und er versprach, mir den Rücken zu stärken.

Nun hatte ich keine Zweifel mehr. Mein Platz war an der Seite eines Predigers. Genau darum betete ich nun und gerade einen solchen Partner wünschte ich mir auch – es musste wunderbar sein, sich auf geistlicher Ebene auszutauschen und gemeinsam über biblische Themen nachzudenken.

Zum regelmäßigen Gebet gesellte sich regelmäßiges Fasten. Ich fastete und betete für meinen Mann. Im Vertrauen auf Gott steckte ich sogar den zeitlichen Rahmen für die Hochzeit ab: nächstes Jahr im Juni sollte es sein. Wir hatten Oktober – nicht mehr sonderlich viel Zeit, denn kennen lernen wollten wir uns vorher ja auch noch! Eines Morgens kam ich in meinem Gebet darauf zu sprechen, dass der Juni immer näher rückte, und bat Gott ernstlich darum, doch etwas zu unternehmen. Als ich mich erhob, hörte ich ihn sagen: „Heute wirst du ihm begegnen."

HEUTE!!! Ich war aufgeregt wie ein Schulmädchen und ungemein gespannt, doch der Tag zog vorüber, ohne eine besondere Begegnung. Einen Termin hatte ich allerdings noch, eine Theaterprobe. Ich hatte mich bereit erklärt, eine der beiden Hauptrollen in dem Stück zu übernehmen, und mein Gegenpart war männlich besetzt. Ich fragte mich, was er wohl für ein Typ sei. Ein paar Erkundigungen hatte ich schon eingezogen, Informatikstudent, sagte man mir. ‚Aha‘, dachte ich, ‚schon ausgeschieden, falsche Fakultät. Vergiss ihn.‘

Aber es war die letzte Gelegenheit, heute noch meinem zukünftigen Mann zu begegnen, also verbrachte ich etwas mehr Zeit als sonst vor dem Spiegel. Außerdem wusste ich ja nicht, wer sonst noch bei der Probe auftauchen würde.

Bei der Probe angekommen, gingen wir zuerst meinen Part durch. Nach etwa einer halben Stunde stieß die andere Hälfte der Schauspieler des Stücks zu uns. Ich beobachtete, wie ein richtig gut aussehender Mann den Mittelgang herunterkam. Ich hatte ihn noch nie auf dem Unigelände gesehen. Mein nächster Gedanke war: ‚O nein ... er ist Informatiker!‘ Und gleich anschließend: ‚Herr, meinst du, du könntest ihn irgendwie dazu bringen, zur Theologie zu wechseln?‘

„Können wir weitermachen?“, riss es mich auf einmal aus meinen Gedanken. Also gut, jetzt war erst mal das Stück an der Reihe. Es drehte sich um Adam und Eva, die Handlung begann mit der Schöpfung und spielte bis in die Gegenwart. Wir beide hatten die Hauptrollen. Als ich zusah, wie es im ersten Akt darum ging, dass Adam aus Erde geformt wurde, betete ich: „Herr, erschaffe einen Mann für mich!“ Aus seiner Rippe entstand sein Gegenüber – Eva, deren Rolle ich zu spielen hatte. Als wir die verschiedenen Szenen probten, merkte ich schnell, dass wir dieselbe Wellenlänge hatten. Es war gleich dieses gewisse Etwas zwischen uns. Alles stimmte perfekt mit meinen Gebeten überein.

Nach der Probe kam er auf mich zu und fragte, wie er bestimmte Stellen am besten spielen könne. Offensichtlich hatte meine Schauspielerei ihn beeindruckt. Ich gab ihm einige Tipps. ,Er macht wirklich einen sehr netten Eindruck', dachte ich. Aber was interessierte mich das, er war ja Informatiker.

Als wir den Saal verließen, merkten wir, dass wir uns noch gar nicht richtig vorgestellt hatten. Er fragte mich, was ich studiere, und ich sagte: „Sozialarbeit". Ich wusste ja schon, was er machte, aber ich wollte nicht unhöflich scheinen, also fragte ich auch nach seinem Fach. Im nächsten Moment traute ich meinen Ohren nicht, als ich seine Antwort hörte: „Theologie".

Der fehlende Mosaikstein! Das Puzzle war komplett. An die nächsten Momente kann ich mich beim besten Willen nicht mehr erinnern. Mein Herz war mit Luftsprüngen beschäftigt. Ich hatte meinen zukünftigen Ehemann gefunden! Er war wie für mich geschaffen.

Natürlich konnte Arthur nicht wissen, was Gott und ich wussten. Gott hatte mir bei meiner Morgenandacht versprochen, dass ich heute meinem Mann begegnen würde. Jetzt begriff ich, weswegen wir uns auf Anhieb so gut verstanden hatten und warum die Szene mit der Erschaffung Adams für mich so einprägsam war. Gott hatte meinen sehnlichsten Wunsch erfüllt.

Ich ging nicht nach Hause – ich schwebte. Ich durfte wieder ganz Frau sein. Und ich wollte ihm eine gute Frau sein! In der nächsten Zeit verschlang ich alles, was mir zum Thema Freundschaft und Partnerschaft in die Hände fiel. Ich wollte, so gut es nur ging, über die Rolle von Mann und Frau in einer christlichen Ehe Bescheid wissen.

26

Traumhochzeit

Der Oktober stand ganz im Zeichen unseres Theaterspiels – proben und die gesamte Aufführung vorbereiten. Wenn ich mit Arthur sprach, dann fast nur wegen des Stücks.

Einmal lud ich einige Leute aus unserer Schauspieltruppe zum Abendessen zu mir nach Hause ein, darunter auch Arthur. Die Kinder schlossen ihn sofort ins Herz. Sie waren so vertrauensvoll, dass man hätte meinen können, er sei schon immer ihr Lieblingsonkel gewesen. Arthur schien nicht weniger Spaß dabei zu haben.

Unsere Aufführung wurde ein großartiger Erfolg. Nachdem der Vorhang gefallen war, lud Arthur mich für den nächsten Tag zu sich zum Frühstück ein. Es sollte ein unvergesslicher Morgen werden – nicht nur durch den geschmackvoll gedeckten Tisch und das vorzügliche Essen ...

So begann unsere Freundschaft. Wir unterhielten uns über Gott und die Welt. Oft ging es um geistliche Themen, und der gegenseitige Austausch war für uns beide eine Bereicherung. Ich wollte von ihm wissen, wie es zu seiner Entscheidung für den Predigtdienst gekommen war. Es war wichtig für mich, dass er wirklich von Gott berufen war. Was er mir dann erzählte, ließ keine Fragen offen.

Jeden Tag begannen wir gemeinsam. Arthur rief mich an und wir machten am Telefon zusammen Andacht. Wir ergänzten uns so perfekt – ich hätte nicht geglaubt, dass es das tatsächlich gibt. Nur eins machte mich allmählich unruhig: Arthur hatte mir noch keinen Antrag gemacht. Ungeduldig sprach ich mit Gott darüber. Seine Antwort war eine weitere Erhörung alter Gebete.

Arthur hatte einfach noch kein grünes Licht von oben bekommen. Er liebte Gott tatsächlich mehr als mich, denn ohne die Zustimmung von oben wollte er auf keinen Fall eine so schwerwiegende Entscheidung wie eine lebenslange Partnerschaft treffen. Genau das hatte ich mir damals doch gewünscht! Ich war so dankbar. Jetzt fiel es mir nicht mehr schwer auf Arthur zu warten. Ich wusste ja, worauf er wartete. Und wie Recht hatte er damit, Sicherheit bei Gott zu suchen! Schließlich gab es bei einer Heirat eine Menge zu berücksichtigen: Finanzen, meine Kinder (fünf an der Zahl), die Tatsache, dass ich schon einmal verheiratet gewesen war und so manches andere.

Gut drei Monate nach unserer ersten Begegnung, am 22. Januar 1993, hielt Arthur um meine Hand an. Gott hatte ihm ein Zeichen nach dem anderen gegeben, dass diese Verbindung wirklich nach seinem Willen sei. Erst später erfuhr ich, dass er sich mit der letzten Entscheidung reichlich schwer getan hatte. Er hatte es wirklich gebraucht, von Gott so deutlich zu diesem Schritt ermutigt zu werden.

Es war eine Traumhochzeit, wie es so schön heißt, aber in unserem Fall steckte mehr hinter diesem Begriff. Gott hatte mir diese Hochzeit durch einen Traum angekündigt.

Ich bin fasziniert von einem Gott, der so tiefes Interesse daran hat, was uns beschäftigt. Dass er ganz Ohr ist, wenn nur das kleinste seiner Kinder mit einem Anliegen zu ihm kommt. Es ist so unglaublich wichtig, dass wir Gott den Lebenspartner für uns auswählen lassen. Gottes Weg ist immer der beste Weg, das ist meine Erfahrung. Ich bin beide Wege gegangen – und ich würde mich immer mehr auf Gottes Urteil verlassen als auf meins. Er wird dir viel mehr geben, als du jemals bitten wirst.

Ich könnte mir keinen besseren Vater für meine Kinder wünschen als Arthur. Für sie ist er einfach „Papa". Er ist liebevoll, geduldig und freundlich. Er liebt mich von ganzem Herzen und ich liebe ihn von ganzem Herzen. Ich danke Gott für einen Mann, der wie für mich geschaffen ist.

Nachwort

November 1997. Vor sechs Jahren war die Scheidung von Mohamed. Seit vier Jahren sind Arthur und ich verheiratet, wir haben beide an der Andrews-Universität unseren Abschluss gemacht, er als Diplom-Theologe und ich als Diplom-Sozialarbeiterin. Unsere Kinder besuchen christliche Schulen, denn wir glauben an den Wert christlicher Bildung.

Die Kinder können Mohamed jetzt jeden Sommer besuchen oder er kommt in die USA und macht mit ihnen gemeinsam Ferien. Die Kinder sind Zeugen für den Glauben an Gott. Seit fünf Jahren ist er wieder verheiratet und hat eine dreijährige Tochter.

Ich danke Gott für seine Vergebung und einen neuen Anfang und mein neues Leben!

Mein Bruder Jeffrey starb am 26. April 1997. Er starb im festen Glauben daran, bei der Wiederkunft Christi auferweckt zu werden.